KB187760

The Adventures of Tom Sawyer

톰 소여의 모험

톰 소여의 모험

Copyright©2010 **YBM** | All rights reserved. No part of this publication may be reproduced, stored in a retrieval system, or transmitted in any form or by any means, electronic, mechanical, photocopying, recording, or otherwise, without the prior written permission of the publisher.

First edition: September 2010

TEL (02)2000-0515 | FAX (02)2271-0172
ISBN 978-89-17-23773-3

서면에 의한 YBM의 허락 없이 내용의 일부 혹은 전부를 인용 및 복제하거나 발췌하는 것을 금합니다.
▶ 낙장 및 파본은 교환해 드립니다. 구입 철회는 구매처 규정에 따라 교환 및 환불 처리됩니다.

YBM Reading Library는 ...

쉬운 영어로 문학 작품을 즐기면서 영어 실력을 크게 향상시킬 수 있도록 개발된 독해력 완성 프로젝트입니다. 전 세계 어린이와 청소년들에게 재미와 감동을 주는 세계의 명작을 이제 영어로 읽으세요. 원작에 보다 가까이 다가가는 재미와 명작의 깊이를 느낄 수 있을 거예요.

350 단어에서 1800 단어까지 6단계로 나누어져 있어 초·중·고 어느 수준에서나 자신이 좋아하는 스토리를 골라 읽을 수 있고, 눈에 쉽게 들어오는 기본 문장을 바탕으로 활용도가 높고 세련된 영어 표현을 구사하기 때문에 쉽게 읽으면서 영어의 맛을 느낄 수 있습니다. 상세한 해설과 흥미로운 학습 정보, 퀴즈 등이 곳곳에 숨어 있어 학습 효과를 더욱 높일 수 있습니다.

이야기의 분위기를 멋지게 재현해 주는 삽화를 보면서 재미있는 이야기를 읽고, 전문 성우들의 박진감 있는 연기로 스토리를 반복해서 듣다 보면 리스닝 실력까지 크게 향상됩니다.

세계의 명작을 읽는 재미와 영어 실력 완성의 기쁨을 마음껏 맛보고 싶다면, YBM Reading Library와 함께 지금 출발하세요!

준비하고, 읽고, 다지는 3단계 리딩 전략

YBM Reading Library

책을 읽기 전에 가볍게 워밍업을 한 다음, 재미있게 스토리를 읽고, 다 읽고 난 후 주요
구문과 리스닝까지 꼭꼭 다지는 3단계 리딩 전략! YBM Reading Library, 이렇게 활용
하세요.

Before the Story

People in the Story
스토리에 들어가기 전,
등장인물과 만나며 이야기의
분위기를 느껴 보세요~

★ Tom sat on a barrel and enjoyed his apple. Other
boys came by and Tom tricked them too. When Ben
got tired, Billy Fisher came along. He gave Tom a kite
and began painting. Then Johnny Miller traded a
dead rat with Tom. More boys came.

By the end of the afternoon, Tom had many more
treasures. He had twelve marbles, a key, a stick of [1]
chalk, a tin soldier, six firecrackers, a brass doorknob,
and a knife-handle.

★ ★ ★ ❼ 톰이 친구들에게 받은 보물이 아닌 것은?
L a. 구슬   b. 딱지   c. 목축
이 150

In the Story

★ 스토리
재미있는 스토리를 읽어요. 잘 모른다고
멈추지 마세요. 한 페이지, 또는 한 chapter를
끝까지 읽으면서 흐름을 파악하세요.

★ ★ 단어 및 구문 설명
어려운 단어나 문장을 마주쳤을 때,
그 뜻이 알고 싶다면 여기를 보세요.
나중에 꼭 외우는 것은 기본이죠.

★ ★ ★ 돌발 퀴즈
스토리를 잘 파악하고
있는지 궁금하면 돌발 퀴즈로
잠깐 확인해 보세요.

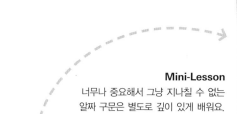

Mini-Lesson
너무나 중요해서 그냥 지나칠 수 없는
알짜 구문은 별도로 깊이 있게 배워요.

The fence had been painted three times and he had run out of paint. Tom had learned something important. People only want things that are difficult to get!

☐ barrel (가운데가 볼록한) 통
☐ come along 나타나다, 도착하다
☐ trade+사물(A)+with+사람(B)
　 A를 B와 교환하다
☐ treasure 보물
☐ marble (아이들의 장난감) 구슬
☐ chalk 분필

☐ tin soldier (장난감) 양철 병정
☐ firecracker 폭죽
☐ brass 놋쇠
☐ doorknob 문 손잡이
☐ knife-handle 칼 손잡이
☐ run out of …을 다 써 버리다
　 (run-ran-run)

1 **a stick of** … 한 자루(대)
He had twelve marbles, a key and a stick of chalk.
그는 구슬 열두 개, 열쇠 한 개 그리고 분필 한 자루를 얻었다.

Chapter 1 • 21

Check-up Time!
한 chapter를 다 읽은 후 어휘, 구문,
summary까지 확실하게 다져요.

Focus on Background
작품 뒤에 숨겨져 있는 흥미로운 이야기를
읽으세요. 상식까지 풍부해집니다.

After the Story

Reading X-File 이야기 속에 등장했던
주요 구문을 재미있는 설명과 함께 다시 한번~

Listening X-File 영어 발음과 리스닝 실력을 함께
다져 주는 중요한 발음법칙을 살펴봐요.

MP3 Files
www.ybmbooksam.com에서 다운로드 하세요!

YBM Reading Library

이제 아름다운 이야기가
시작됩니다

The Adventures of Tom Sawyer

_ **Before the Story**

About Mark Twain &
The Adventures of Tom Sawyer 8
People in the Story 10

_ **In the Story**

Chapter 1
Tom and Becky 14
Check-up Time 34

Chapter 2
Graveyards and Robbers 36
Check-up Time 48

Chapter 3

Pirates and Rescues 50
Check-up Time 64
Focus on Background 66

Chapter 4

Trials and Treasure Hunts 68
Check-up Time 80

Chapter 5

Escapes and Discoveries 82
Check-up Time 98

_ **After the Story**

Reading X-File 이야기가 있는 구문 독해 102
Listening X-File 공개 리스닝 비밀 파일 106
Story in Korean 우리 글로 다시 읽기 110

Mark Twain (1835 ~ 1910)

마크 트웨인은 …

미국의 소설가이자 사회비평가로 미주리 주 플로리다(Florida)에서 가난한 개척민의 아들로 태어났으며, 본명은 새뮤얼 랭혼 글레멘스(Samuel Langhorne Clemens)이다. 4세 때 미시시피 강변의 소도시 해니벌(Hannibal)로 이사한 새뮤얼은 강을 보며 증기선 선장의 꿈을 키우며 자랐다. 12세에 아버지를 여의고 인쇄소 견습공으로 일을 시작한 후 미시시피 강의 수로 안내인으로도 일하였는데, 이때의 경험이 그가 작가로 성장하는 밑거름이 되었다. 신문 기자로 칼럼을 연재하면서 배가 안전 구역으로 들어서면 수로 안내인이 외치던 용어인 '마크 트웨인'이라는 필명으로 활동하던 그는 1865년 단편 〈짐 스마일리와 뜀뛰는 개구리〉를 출간하면서 유머 작가로 큰 인기를 얻게 되었으며, 〈톰 소여의 모험(1876)〉, 〈왕자와 거지(1882)〉, 〈허클베리 핀의 모험(1884)〉 등을 통해 유명 작가의 반열에 오르게 되었다. 모든 침략 행위를 규탄하며 반전 활동에도 열성적이었던 마크 트웨인은 특유의 해학과 풍자로 미국 근대 소설에 예술성을 불어넣은 미국 문학의 아버지라는 평가를 받고 있다.

The Adventures of Tom Sawyer

톰 소여의 모험은 …

미시시피 강변의 작은 마을을 배경으로 펼쳐지는 개구쟁이 소년 톰 소여의
좌충우돌 모험담으로, 마크 트웨인의 어린 시절 경험에 바탕을 두고 있다.
공부에는 전혀 관심이 없고 재미있는 사건을 꾸미기에 천부적인 소질을 지
닌 톰 소여는 늘 친구들과 어른들을 골탕 먹인다. 수업을 빼먹고 놀러 간 것
을 이모에게 들켜 울타리를 전부 페인트칠해야 하는 벌을 받지만 페인트칠
이 재미있는 것처럼 속여서 친구들이 대신 일을 하게 만들고, 허크와 함께
한밤중에 공동묘지에서 살인 사건을 목격하기도 한다.
또한 외딴 섬으로 가서 해적 놀이를 하고, 숨겨진 보물을 찾아 허크와 함께
유령의 집으로 가는 등 모험을 즐기는 장난꾸러기이지만, 재판에서 목숨을
걸고 증언을 하는 용기를 보여 주기도 한다.
〈톰 소여의 모험〉은 아이들의 순수함을
예찬하는 한편 어른들의 위선도 날카롭게
풍자한 미국 문학의 걸작으로,
백 년이 지난 오늘날까지도
전 세계 수많은
독자들의 사랑을
받고 있다.

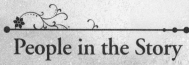

People in the Story

톰 소여의 모험에 등장하는 인물들을 살펴볼까요?

Becky Thatcher

톰이 사랑하는 소녀. 톰과 사랑
싸움을 벌이기도 하지만 함께
동굴에서 길을 잃었다가 톰의
지혜로 탈출에 성공한다.

Tom Sawyer

개구쟁이 소년. 모험과 장난을
즐기지만 용감하게 포터의 살인
누명을 벗기고 동굴에서 숨겨진
보물을 찾아 부자가 된다.

Huckleberry Finn

톰의 단짝 친구. 부랑자였지만 더글라스
부인의 목숨을 구해 부인에게 입양되고
톰과 함께 보물을 찾아 부자가 된다.

Aunt Polly
톰의 이모. 매번 톰의
장난에 속아 분통을
터트리지만 엄마 없이
자라는 톰을 가엾게 여겨
사랑으로 보살핀다.

Indian Joe
로빈슨 박사의 살인범. 포터에게
살인죄를 씌우고 더글라스 부인을
해치려 하지만 결국
동굴에서 비참한
최후를 맞는다.

Muff Potter
마을의 주정뱅이. 인디언 조의
계략으로 살인범으로 몰리지만
톰의 증언으로 누명을 벗게 된다.

a Beautiful Invitation
– YBM Reading Library

The Adventures of Tom Sawyer

Mark Twain

Tom and Becky
톰과 베키

"Tom!" called Aunt Polly.

No answer. She looked out in the garden.

"Tom!" she shouted angrily. "Where are you?"

No answer. She pushed a stick under the bed. A cat ran out from under the bed, meowing loudly.

Then she heard a noise behind her. It was Tom, coming out of the closet.

"Ah!" she said. "So you're hiding there! And you've got jam all over your face. I said you couldn't have [1] any jam!"

- □ stick 막대기
- □ meow (고양이가) 야옹(하고 울다)
- □ closet 벽장
- □ flee 달아나다 (flee-fled-fled)
- □ trick 속이다; 속임수, 장난
- □ with a sigh 한숨을 쉬며

1 **all over one's face** …의 얼굴에 온통
And you've got jam all over your face.
그리고 너의 얼굴에 온통 잼이 묻어 있구나.

She raised the stick to hit him.

"Oh!" cried Tom. "Look behind you, Aunt!"

Aunt Polly turned and Tom fled. She was surprised, but then she laughed loudly.

"He tricked me again!" she said with a sigh. "He always tricks me and then he makes me laugh."

Aunt Polly knew she had to do her duty. Tom was her dead sister's son. If she didn't punish him, she would spoil him.

She thought for a moment. She was certain Tom would skip school this afternoon. He would go swimming in this hot weather. If he did so, she would make him paint the fence Saturday. It would be a good punishment for him.

That evening, Tom sat down to supper with Aunt Polly, his brother Sid, and his cousin Mary.

"Wasn't it warm today?" said Aunt Polly. "Did you want to go swimming, Tom?"

"No, Aunt," said Tom.

He knew what she was thinking.

"But I pumped water on my head," he said, quickly. "It's still wet."

Aunt Polly was certain he'd been swimming. How could she prove it? Suddenly, she knew! Tom's shirt had no collar. So, she sewed a clean collar on it every morning. Then she sewed the front of the collar together. It fastened the collar like a button. If he had gone swimming, he'd have unpicked the stitches ☀ in the front.

"Show me your collar, Tom," she said.

Tom showed his collar. It was still sewn together. Aunt Polly was half sorry and half glad.

"But you used white thread, Aunt Polly!" said Sid. "Now it's black."

"That's right!" said Aunt Polly.

Tom ran out of the room before she got too mad.

As he left, he said, "Sid, you're dead!"

Outside, Tom examined the two needles in his jacket. One had white thread and the other had black thread.

"I wish she would use the same color every day!" he thought.

□ do one's duty ···의 의무를 다하다
□ spoil (남의 성격을) 버릇없게 만들다
□ skip (수업·학교를) 빼먹다
□ sew ···을 꿰매다
　(sew-sewed-sewed(sewn))

□ fasten 단단히 고정시키다
□ unpick (바늘땀을) 뽑아서 풀다
□ stitch 바늘땀
□ thread 바느질하는 실

Mini-Less☀n

See p.102

가정법 과거완료

'만약 ···했다면 ~했을 것이다'라고 과거의 사실과 반대되는 상황을 가정할 때는
「If+주어+had+p.p., 주어+would/could/might have+p.p.」의 형태로
나타낸답니다. 이를 '가정법 과거완료'라고 해요.

• If he had gone swimming, he'd have unpicked the stitches in the front.
　만약 톰이 수영을 갔다면 앞쪽 바늘땀을 뽑어서 풀었을 것이다.

Saturday was a perfect summer day. The air was fresh and the sun was shining brightly. Poor Tom stood on the sidewalk with a bucket of white paint [1] and a brush. He looked sadly at the enormous fence. It would take forever to paint it. He felt hopeless. [2]

Then he saw Ben Rogers approaching, and an idea came to him. He was painting enthusiastically when Ben walked by, eating an apple.

"Hi, Tom," said Ben. "Why are you working on Saturday?"

"This isn't work," said Tom. "If you like doing something, it's not work."

Ben thought for a moment as he watched Tom painting. It looked like fun.

"Could I try?" he asked.

"No," said Tom. "Aunt Polly wouldn't approve."

"Please!" Ben begged.

"I'd like to, honestly. But I can't," said Tom.

"I'll give you my apple," said Ben.

Tom gave Ben his brush reluctantly. But secretly he was happy. His trick had worked! Ben gave Tom his apple and started painting.

- ☐ brightly 밝게, 환히
- ☐ sidewalk 보도, 인도
- ☐ enormous 거대한, 엄청난
- ☐ hopeless 절망적인
- ☐ approach 다가오다, 접근하다

- ☐ enthusiastically 열정적으로
- ☐ approve 허락하다, 승인하다
- ☐ beg 애걸하다, 간청하다
- ☐ reluctantly 마지못해
- ☐ work 효과가 있다

1 **a bucket of** … 한 통〔양동이〕
Poor Tom stood on the sidewalk with a bucket of white paint and a brush. 가엾은 톰은 흰색 페인트 한 통과 붓을 들고 보도 위에 섰다.

2 **It would take + 시간(A) + to + 동사원형(B)** B하는 데 A의 시간이 걸릴 것이다
It would take forever to paint it.
울타리를 페인트칠하는 데 끝도 없는 시간이 걸릴 것이다.

Tom sat on a barrel and enjoyed his apple. Other boys came by and Tom tricked them too. When Ben got tired, Billy Fisher came along. He gave Tom a kite and began painting. Then Johnny Miller traded a dead rat with Tom. More boys came.

By the end of the afternoon, Tom had many more treasures. He had twelve marbles, a key, a stick of [1] chalk, a tin soldier, six firecrackers, a brass doorknob, and a knife-handle.

❓ 톰이 친구들에게 받은 보물이 아닌 것은?
L a. 구슬   b. 딱지   c. 폭죽

정답 q

The fence had been painted three times and he had run out of paint. Tom had learned something important. People only want things that are difficult to get!

□ barrel (가운데가 불룩한) 통
□ come along 나타나다, 도착하다
□ trade+사물(A)+with+사람(B)
　 A를 B와 교환하다
□ treasure 보물
□ marble (아이들의 장난감) 구슬
□ chalk 분필

□ tin soldier (장난감) 양철 병정
□ firecracker 폭죽
□ brass 놋쇠
□ doorknob 문 손잡이
□ knife-handle 칼 손잡이
□ run out of …을 다 써 버리다
　 (run-ran-run)

1 **a stick of** … 한 자루[대]
He had twelve marbles, a key and a stick of chalk.
그는 구슬 열두 개, 열쇠 한 개 그리고 분필 한 자루를 얻었다.

Tom went inside the house.

"May I play now, Aunt?" he said. "I've finished painting."

Aunt Polly didn't believe him, so she went out to look. She was surprised and pleased to see the beautifully painted fence. She gave Tom an apple and he ran off to play with his friends.

□ run off 뛰어가 버리다
□ braided (머리를) 땋은
□ blonde (머리가) 금발인
□ stare at …을 빤히 쳐다보다
□ immediately 즉시, 곧

□ pretend …인 체하다, 가장하다
□ backflip 뒤로 공중제비 넘기
□ cartwheel 옆으로 재주넘기
□ jump for joy 기뻐서 두근거리다(날뛰다)
□ pick up 줍다, 집어 들다

As he passed Jeff Thatcher's house, he saw a girl in the garden. She was very pretty. She had blue eyes and braided blonde hair.

He stared at the new girl and immediately forgot about his girlfriend, Amy Lawrence. But whenever the girl looked at him, he pretended he wasn't looking. He started doing backflips and cartwheels to get her attention. [1]

The girl threw a flower over the fence and went in the house. Tom's heart jumped for joy. He picked up the flower and went home.

---

1 **get one's attention** …의 관심을 얻다
   He started doing backflips and cartwheels to get her attention.
   그는 여자아이의 관심을 얻기 위해 뒤로 공중제비 넘기와 옆으로 재주넘기를 하기 시작했다.

On Sunday, Tom, Mary, and Sid went to Sunday school. Sid and Mary loved it, but Tom hated it. Students had to learn verses from the Bible. Anyone who knew two thousand verses was given a Bible by [1] the teacher, Mr. Walters.

Students got a blue ticket for learning two verses. Ten blue tickets were worth one red one. Ten red tickets were worth one yellow one. And ten yellow tickets could be exchanged for a Bible.

Most students had many tickets. Tom was not a very good student and had only a few. But today he had many new treasures from his friends who had painted the fence. He began to trade them for tickets.

So, by the time Sunday school started, Tom had nine yellow tickets, nine red ones, and ten blue ones. No other student had so many.

□ learn 외우다
□ verse （성경의) 구절
□ Bible 성경
□ worth ⋯의 가치가 있는

□ exchange (trade) A for B
　 A를 B로 교환하다 (바꾸다)
□ by the time ⋯할 무렵에 (때까지)

1　anyone who ⋯하는 사람은 누구나
　 Anyone who knew two thousand verses was given a Bible by the teacher. 이천 구절을 외우는 사람은 누구나 선생님으로부터 성경을 한 권 받았다.

Mini-Less☀n

앞의 명사를 대신하는 one

Ten blue tickets were worth one red one. (파란색 표 열 장은 빨간색 표
한 장의 가치가 있었다.)에서 red one은 red ticket을 뜻하는데요, 앞에 ticket이 나오기
때문에 반복을 피하기 위해 ticket을 대명사 one으로 대신한 것이랍니다.

• I prefer a white shirt than a blue one. 전 파란색 셔츠보다 흰색 셔츠를 더 좋아해요.

That morning, Judge Thatcher was visiting the
Sunday school class. The judge was an important
man. Mr. Walters wanted to show off his best
students to this special visitor. He wanted to give
one of them a Bible.

But when Tom came forward and asked for a Bible,
Mr. Walters was very suspicious. He began to count
Tom's tickets.

"Where did Tom get these?" he wondered. "He's just about the worst student in class."

But Tom had the right number of tickets, so Mr. Walters had to give him the Bible. The judge congratulated Tom for winning the Bible.

"I'm sure you know the names of Jesus' twelve Disciples.* But can you tell me the names of the first two?" he asked.

Jesus' twelve Disciples는
예수를 따르던 12명의 제자를 뜻해요.

Tom blushed and Mr. Walters's heart sank. Tom thought hard. He could remember only two names from the Bible.

작은 소년 다윗은 거인 골리앗에 용감하게 맞서 싸워 이겼는데요,
두 사람의 이름은 흔히 '강자와 약자의 싸움'에 비유된답니다.

"David and Goliath,"* he answered finally.

Judge Thatcher looked shocked. Mr. Walters was embarrassed and the other students laughed. Everyone except Tom knew that David and Goliath were not Jesus' Disciples!

□ judge 판사, 재판관
□ show off 뽐내다, 자랑하다
□ come forward 앞으로 나오다
□ ask for 요청하다, 요구하다
□ suspicious 의심스러운
□ congratulate A for B A가 B한 것을 축하하다

□ win (상품을) 획득하다
□ blush 얼굴이 빨개지다
□ sink 내려앉다 (sink-sank-sunk)
□ think hard 곰곰이 생각하다
□ shocked 충격을 받은
□ embarrassed 난처한, 당혹한
□ except … 외에는 (= but)

Monday came and Tom had to go to school. He met Huckleberry Finn on his way to school. Huck was the son of the town drunk. His father didn't care about him, so Huck took care of himself.

He wore ragged secondhand clothes. He slept on doorsteps in fine weather. When it rained, he slept in empty barrels.

He didn't go to school or to church. He didn't have to wash or put on clean clothes. He went swimming and fishing whenever he wanted.

The mothers of the town thought Huck was lazy, rude, and bad. In fact, none of the town's adults approved of Huck. But the boys were jealous of Huck's freedom and liked him. Tom liked Huck too.

Tom and Huck made a plan to go to the graveyard that night. Then Tom continued on his way to school.

□ drunk 주정뱅이; 술에 취한
□ care about …에 관심을 갖다
□ take care of …을 돌보다
□ ragged (옷이) 해어진, 찢어진
□ secondhand 중고의, 고물의
□ doorstep 현관 계단
□ empty 텅 빈
□ whenever …할 때마다

□ lazy 게으른
□ rude 버릇없는, 무례한
□ adult 어른, 성인
□ approve of …을 괜찮다고 생각하다
□ be jealous of …을 시샘하다 (부러워하다)
□ graveyard (교회 근처에 있는) 공동묘지
□ continue on one's way to
　　…로 가던 길을 계속 가다

Mini-Lesson

wear와 put on의 차이는?

wear은 '…을 입고(신고, 쓰고) 있다'라는 뜻으로 상태에 중점을 둔 표현이고, put on은
'…을 입다(신다, 쓰다)'라는 뜻으로 동작에 중점을 둔 표현이랍니다.

• He wore ragged secondhand clothes. 허크는 해어지고 남들이 입던 헌 옷을 입고 있었다.
• Put on these glasses and you will see better. 이 안경을 써 보세요. 그러면 더 잘 보일 거예요.

When Tom arrived, the lesson had started.

"Tom Sawyer! Why are you late again?" shouted Mr. Dobbins, the teacher.

"He'll punish me if I mention Huck," thought Tom.

He tried to think of a lie. Then he saw the pretty girl with blonde braids! His heart filled with love. The seat next to her was empty.

"I stopped to talk with Huckleberry Finn," said [1] Tom loudly.

"What?" shouted Mr. Dobbins. "You wasted time talking with that boy? Your punishment is to sit [2] with the girls. Take the seat beside Becky Thatcher!"

The other boys and girls giggled but Tom happily sat next to Becky.

□ mention 언급하다, 간단히 말하다
□ think of …을 생각해 내다
□ fill with (마음이 …의 감정)으로 가득 차다
□ take a seat 자리에 앉다
□ giggle 낄낄 웃다
□ concentrate on …에 집중하다
□ every time …할 때마다 (= whenever)
□ turn one's head away 고개를 돌리다, 외면하다
□ pass A B A에게 B를 건네 주다

1 **stop to + 동사원형** …하기 위해 (가던 길을) 멈춰 서다
I stopped to talk with Huckleberry Finn.
전 허클베리 핀과 이야기하기 위해 멈춰 섰습니다.

2 **waste time ...ing** …하느라 시간을 허비(낭비)하다
You wasted time talking with that boy?
네가 그 녀석과 말하느라 시간을 허비했다고?

He couldn't concentrate on the lesson during class. Every time he looked at Becky, she turned her head away. Then he passed her a note when the teacher wasn't looking. Becky read it and blushed. Tom had written "I love you."

After morning school, everybody went home for lunch. But Tom and Becky stayed in the classroom.

"Becky," said Tom. "Do you want to be engaged to be married?"

"I don't know," she said. "What does it mean?"

"First, you promise never to love another boy. Do you remember what I wrote?"

"I love you," whispered Becky.

"That's right. Say those words and then we kiss," said Tom.

Becky hesitated, but finally she whispered the words in his ear. Then they kissed.

"Now we're engaged," said Tom. "When Amy and I were engaged ..."

Tom realized his mistake and stopped.

"Oh, Tom," said Becky. "You've been engaged before?"

"Becky ... I'm sorry," said Tom. "But ... I ... love you now ..."

Becky began to cry, burying her face in her hands. [1] Tom didn't know what to do. Then he took out a brass doorknob from his pocket.

"Won't you take this, Becky?" he said. "It's my favorite."

Becky knocked it out of his hand and continued crying. Tom's pride was hurt. He ran from the classroom and was soon far away.

□ stay 머무르다, 남다
□ be engaged to be married
   결혼하기로 약속하다
□ hesitate 주저하다, 망설이다

□ realize 깨닫다
□ take out …을 꺼내다
□ knock A out of B A를 B에서 쳐 내다
□ pride is hurt 자존심이 상하다

1 **bury one's face in one's hands** 두 손에 얼굴을 묻다
   Becky began to cry, burying her face in her hands.
   베키는 두 손에 얼굴을 묻고 울기 시작했다.

Check-up Time!

● WORDS

빈칸에 알맞은 단어를 보기에서 골라 써넣으세요.

fastened	blushed	fled	pretended

1 Tom's face _____ when the judge asked him a question.

2 Aunt Polly turned and Tom _____ to the garden.

3 Tom _____ he wasn't looking at Becky.

4 It _____ the collar like a button.

● STRUCTURE

괄호 안의 두 단어 중 알맞은 단어를 골라 문장을 완성하세요.

1 He wasted his time (talking, to talk) with the girl.

2 Anyone (where, who) knows the answer will win the prize.

3 It would take forever (to paint, painting) the fence.

4 Tom had a (bucket, stick) of red chalk in his pocket.

(ANSWERS)

Structure | 1. talking 2. who 3. to paint 4. stick
Words | 1. blushed 2. fled 3. pretended 4. fastened

본문의 내용과 일치하면 T, 일치하지 않으면 F에 표시하세요.

1 Huck's father took good care of Huck.   [T] [F]

2 Tom ate some jam and hid in the closet.   [T] [F]

3 Tom had unpicked the stitches in the front.   [T] [F]

4 Becky had been engaged before she met Tom.   [T] [F]

● SUMMARY

빈칸에 맞는 말을 골라 이야기를 완성하세요.

Tom's mother died, so he lived with his Aunt. She wanted to do her duty and tried not to (   ) him. But Tom liked to (   ) people. He skipped school and went swimming. He made his friends paint the (   ) and got treasures from them. He traded his treasures for (   ) and got a Bible from the teacher. He had a girlfriend but he got engaged to a new girl in town.

a. fence   b. spoil

c. trick   d. tickets

ANSWERS

Summary | b, c, a, d
Comprehension | 1. F 2. T 3. T 4. F

Graveyards and Robbers

공동묘지와 강도

That night, Tom waited until Sid was asleep, then he went quietly out of the house. Huck was waiting at the end of the street. He was carrying a dead cat.

"What's the dead cat for?" asked Tom. [1]

"For curing warts," answered Huck. "We have to find a grave where a bad person is buried. At midnight, a devil will come to get the dead man. I'll throw the cat at the devil. Then I'll say a spell. Devil follow corpse, cat follow devil, warts follow cat! Then my warts will go away."

"Really?" said Tom.

"Sure!" said Huck.

"Come on! We'll use Hoss Williams's grave. He was a really bad man."

★ '악마는 시체를 따라가고, 고양이는 악마를 따라가고, 사마귀는 고양이를 따라가라!'는 주술적인 내용의 명령문이에요.

They walked to the graveyard. It was dark and very quiet. At times, the wind blew through the trees. It made ghost-like sounds.

Tom and Huck reached the new grave of Hoss Williams. They hid behind some trees and waited for the devil to come.

- □ robber 강도, 도둑
- □ quietly 조용히, 살짝
- □ cure 치료하다
- □ wart 사마귀
- □ grave 무덤
- □ bury 묻다 (bury-buried-buried)
- □ at midnight 자정에, 한밤중에
- □ devil 악마
- □ spell 주문, 주술
- □ corpse 시체, 송장
- □ at times 때때로, 이따금
- □ ghost-like 유령 같은

1 **What ... for?** …은 무엇에 쓰려고?
  What's the dead cat for? 죽은 고양이는 무엇에 쓰려고?

Mini-Lesson

See p.103

to 부정사의 의미상의 주어는?
문장 전체의 주어와 to 부정사의 의미상의 주어가 일치하지 않을 때는 to 부정사 앞에 「for + 명사〔대명사〕」를 씁니다.

- They hid behind some trees and waited for the devil to come.
  그들은 나무 뒤에 숨어서 악마가 오기를 기다렸다.
- He wrote a song for me to sing. 그는 내가 부를 노래를 작곡해 주었다.

Suddenly, the boys heard a noise.

"What was that?" whispered Tom.

"Shhh! The ghosts are coming!" Huck whispered back.

"Can they see us?" asked Tom.

"Sure," whispered Huck. "Ghosts can see in the dark just like cats."

They shook with fear. Just then, they saw three dark figures. One was holding a lantern.

"Look!" whispered Huck. "They're not ghosts! There's Muff Potter. He's drunk, as usual."

"And there's Indian Joe," said Tom.

The three men came closer and stopped by Hoss Williams's grave.

"Here it is," said a third voice.

"That's Dr. Robinson!" whispered Huck.

The three men began to dig up the grave with the shovels.

"What are they doing?" whispered Tom.

"Grave-robbing," answered Huck. "Doctors sometimes use dead bodies for experiments."

□ in the dark 어둠 속에서
□ with fear 무서워서, 두려워서
□ figure 형태, 형상
□ lantern 등불
□ as usual 평소와 다름없이
□ Here it is. 자, 여기 있습니다.
□ dig up …을 파내다
□ shovel 삽
□ grave-robbing 무덤 도굴
□ experiment 실험

The three men pulled the coffin out of the grave and opened it. They began to put the body in a cart. Suddenly, Potter took out a knife and held it toward the doctor.

"Now, Doctor," he said. "Give us five dollars more."

"But I already paid you," said Dr. Robinson.

"Give us five dollars more!" threatened Indian Joe.

He stepped right up to the doctor, and Dr. Robinson hit him. Indian Joe fell to the ground. Now Potter started fighting with Dr. Robinson. The doctor hit Potter on the head and knocked him out. Potter's knife fell to the ground.

Then Indian Joe picked up Potter's knife and stabbed Dr. Robinson with it. The doctor fell down immediately. Indian Joe put the knife in Potter's hand.

Five minutes later, Potter woke up. He saw the doctor lying beside him. He glanced at the knife in his hand and dropped it.

"What happened?" he asked.

"You killed the doctor," said Indian Joe.

"What? I didn't!" said Potter.

"Sure you did!" said Indian Joe, coldly.

"I ... I don't remember," said Potter. "I guess I'm still drunk. What happened?"

"Well, you two were fighting," said Indian Joe. "He knocked you down. Then you stood up and killed him with your knife."

"Oh, no," cried Potter. "How could I? I've never hurt anyone before. Joe, don't tell anyone. Please ..."

"I won't tell anyone," said Indian Joe. "Now, you run that way and I'll run the other way."

Potter ran off. Indian Joe watched him run away.

"He forgot his knife because he's drunk," said Indian Joe. "Someone will find it and blame him for [1] the murder. And he believes he did it. What a fool!" [2]

Indian Joe went away.

□ coffin 관
□ cart 손수레
□ threaten 협박하다
□ step up to …에게 다가서다
□ hit ... on the head …의 머리를 치다
□ knock ... out〔down〕 …을 때려서 정신을 잃게〔쓰러지게〕 하다
□ stab …을 찔러 죽이다
□ glance at …을 힐끗 쳐다보다
□ murder 살인, 살인 사건

1 **blame A for B** A가 B를 한 범인이라고 하다
Someone will find it and blame him for the murder.
누군가 칼을 찾아내서 포터가 살인을 한 범인이라고 하겠지.

2 **What a(n) + 명사!** 얼마나 …인가!
What a fool! 얼마나 바보인가!

Huck and Tom looked at each other with horror. Then they ran as fast as they could. They ran until they reached an abandoned house.

"Huck, what do you think will happen?" said Tom.

"If Dr. Robinson is dead, they'll hang Indian Joe and Potter," said Huck.

"Should we tell?" said Tom.

"No! What if Indian Joe escapes? He'll come after [1] us," said Huck. "Let Potter tell."

"But he was knocked out," said Tom. "Besides, he thinks he did it!"

"That's right," agreed Huck.

"Can we keep it a secret, Huck?" said Tom.

"Yes," said Huck. "Let's swear to say nothing."

"Okay, Huck," said Tom. "Let's hold hands and swear."

□ with horror 무서워서
□ abandoned house 버려진 집, 폐가
□ hang …을 교수형에 처하다
□ escape 도망치다, 탈출하다
□ come after …을 뒤쫓다
□ besides 게다가

□ keep ... a secret …을 비밀로 하다
□ swear to + 동사원형 …하기로 맹세하다
□ in writing 글로 써서, 서면으로
□ in blood 피로
□ prick (바늘로) 찌르다
□ initial (이름의) 머리글자

1 **What if ...?** …하면 어쩌려고?
  What if Indian Joe escapes? 인디언 조가 도망치면 어쩌려고?

"No," said Huck. "Let's swear in writing and sign it in blood."

Tom picked up a piece of wood from the floor. He took a stick of red chalk from his pocket and wrote:

Huckleberry Finn and Thomas Sawyer swear to say nothing about what they saw tonight.

Both boys pricked their fingers with a needle from Tom's jacket. They signed their initials in blood. Then they buried the piece of wood and went home.

By noon, the whole town had heard about the murder. Indian Joe told the sheriff that Muff Potter had killed Dr. Robinson. Potter's knife was found beside the doctor's body. Soon he was arrested.

Huck and Tom were very afraid of Indian Joe. For a week, Tom had trouble sleeping. He dreamed about [1] the terrible murder. He talked in his sleep too, and [2] Sid heard him.

"Tom," Sid said, one morning. "You talked in your sleep again last night. You said 'Blood! Blood!' and said you wouldn't tell anybody. What did you mean?"

Tom said nothing. He felt dizzy. He knew he should tell his secret, but he couldn't.

"Oh, poor Tom! It's because of that terrible murder." said Aunt Polly. "I've been having dreams like that too."

She tried to comfort Tom but that didn't help.

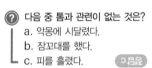

? 다음 중 톰과 관련이 없는 것은?
  a. 악몽에 시달렸다.
  b. 잠꼬대를 했다.
  c. 피를 흘렸다.   ⊃ 릅앙

☐ sheriff 보안관
☐ arrest 체포하다
☐ be afraid of …을 두려워하다

☐ dream about …에 대한 꿈을 꾸다
☐ dizzy 어지러운, 현기증 나는
☐ comfort 위로하다

1 have trouble ...ing …하기가 어렵다
  Tom had trouble sleeping. 톰은 잠들기가 어려웠다.

2 talk in one's sleep 잠꼬대를 하다
  He talked in his sleep too. 그는 잠꼬대도 했다.

A few days later, Becky got sick and stopped coming to school. Tom was miserable. Every day he waited for Becky at the school gate.

"Will she come today?" he wondered.

Sometimes, Tom saw a girl and he thought she was Becky. But when she wasn't Becky, he became angry.

One day, Becky came back to school. Tom was soon up to his old tricks again. He jumped for joy over the [1] fence. Then he stood on his head and did backflips. [2] But Becky was still angry with him.

"Some people are always trying to show off," she said to her friends.

Tom felt embarrassed. He wanted Becky to talk to him, but she ignored him.

"I wish I'd never mentioned Amy," he thought.

☐ a few days later 며칠 후
☐ miserable 불행한, 비참한

☐ be angry with ···에게 화가 나다
☐ ignore 무시하다

---

[1] **be up to one's old tricks** 예전처럼 장난을 치다
Tom was soon up to his old tricks again.
톰은 곧 다시 예전처럼 장난을 쳤다.

[2] **stand on one's head** 물구나무서다
Then he stood on his head and did backflips.
그리고 나서 그는 물구나무서고 뒤로 공중제비를 넘었다.

Mini-Less☀n

I wish + 주어 + had + p.p. : ⋯했다면 좋았을 텐데

I wish 다음에 「주어＋had＋p.p.」가 오면 과거 사실과 반대되는 상황을 바라는
표현이 만들어져요. 뜻은 '⋯했다면 좋았을 텐데'가 되지요.

• I wish I'd never mentioned Amy.   내가 에이미에 대해 말하지 않았다면 좋았을 텐데.
• I wish Mike had won the first prize.   마이크가 1등 상을 받았다면 좋았을 텐데.

 Check-up Time!

● **WORDS**

빈칸에 알맞은 단어를 고르세요.

1 He picked up the knife and _____ the doctor with it.

    a. continued   b. stabbed   c. hanged

2 Both boys _____ their fingers with a needle.

    a. threatened   b. arrested   c. pricked

3 We have to find a grave where a bad person is _____.

    a. buried   b. jumped   c. whispered

● **STRUCTURE**

괄호 안의 단어를 알맞게 배열해 문장을 다시 쓰세요.

1 Tom (to, was, up, his) old tricks again.

_____.

2 Someone will find it and (the murder, blame, for, him).

_____.

3 (if, Indian Joe, what, escapes)?

_____?

ANSWERS

3. What if Indian Joe escapes
2. Someone will find it and blame him for the murder
Structure | 1. Tom was up to his old tricks again
Words | 1. b 2. c 3. a

48 ● The Adventures of Tom Sawyer

다음은 누가 한 말일까요? 기호를 써넣으세요.

a.

Tom

b.

Huck

c.

Becky

1 "Some people are always trying to show off." _____

2 "Let's swear in writing. Sign it in blood." _____

3 "I wish I'd never mentioned Amy." _____

● SUMMARY

빈칸에 맞는 말을 골라 이야기를 완성하세요.

> At night, Tom and Huck went to a ( ) to cure Huck's warts. The boys saw Indian Joe, Muff Potter, and a doctor ( ) up a grave. Then the three men had a fight and Indian Joe ( ) the doctor. Tom and Huck were very afraid and decided not to tell anyone about the ( ). Tom was miserable because he had trouble sleeping and Becky was still angry with him.

a. dig   b. murder   c. graveyard   d. killed

ANSWERS

Comprehension | 1. c 2. b 3. a
Summary | c, a, d, b

CHAPTER 3

Pirates and Rescues
꼬마 해적과 구출

With his heart broken, Tom skipped school and
met his old friend, Joe Harper. Joe's mother had
beaten him for eating some cream. So Joe had run
away from home. Both boys were unhappy, so they
decided to leave town and become pirates. They
went looking for Huck and asked him to join them.

"Sure," said Huck. "But where will we live?"

"On Jackson Island," said Joe.

□ pirate 해적
□ rescue 구출
□ join …와 함께하다
□ riverbank 강둑
□ raft 뗏목
□ be tied up 단단히 묶이다

□ as planned 계획 대로, 예정 대로
□ hook and line 낚싯바늘과 낚싯줄
□ get onto (탈것)에 타다
□ row (노를 써서) 배를 젓다
□ make a fire 모닥불을 피우다

1 **with + 명사구(A) + p.p.(B)** A가 B한 채로
With his heart broken, Tom skipped school.
마음이 상한 채로 톰은 수업을 빼먹었다.

The boys all knew about Jackson Island. It was on the Mississippi River three miles from town. No one lived there.

1마일은 약 1.6킬로미터이므로 잭슨 섬은 마을에서 약 4.8킬로미터 떨어진 곳에 있었던 거지요.

"Okay," said Tom. "Let's meet at the riverbank at midnight. A small raft is always tied up there. We can use it."

At midnight they met as planned. Each boy brought food, and some hooks and lines for fishing. They got onto the raft and rowed to Jackson Island like pirates.

When they reached the island, they went into the forest. They found a good camping spot under a big tree and made a fire. Soon, they were fast asleep.

Next morning, the little pirates woke early and went swimming. Then they caught six big fish and cooked them on the fire.

"That's the best breakfast I've ever had," said Tom.

"Me too," said Joe.

explore 탐험하다
ferryboat 연락선
search …을 수색하다; 수색, 조사
drown 물에 빠져 죽다
excitedly 흥분하여

miss 그리워하다
feel sorry for …을 안쓰럽게
〔불쌍하게〕여기다
(feel-felt-felt)
admit 인정하다

They explored the island all day and went swimming every hour. In the afternoon, they saw a ferryboat and many smaller boats on the river. Men were searching the river.

"What are they doing?" asked Joe.

"Somebody drowned and they're looking for the person," said Huck.

"I know who it is!" shouted Tom. "They're looking for us! They think we drowned!"

They went back to their camp. They talked excitedly about how everyone in town missed them and felt sorry for them. But as it grew dark, they became silent. Tom and Joe wanted to go home, but they wouldn't admit it.

After Huck and Joe fell asleep, Tom went to the riverbank and got onto the raft. He rowed to the mainland. He ran to his house and looked through a window. Aunt Polly, Joe's mother, Mary and Sid were there. Tom went quietly into Aunt Polly's bedroom and hid. No one saw him.

"Poor Tom," he heard Aunt Polly say. "He was always mischievous, but never a bad boy."

She began to sob. Mary put her arms around Aunt [1] Polly and cried. Sid was crying too.

"Joe was the same," cried Mrs. Harper. "And I'll never see him again."

Tom listened with tears in his eyes. He heard that [2] a funeral would be held Sunday if the boys weren't found. He wanted to rush into Aunt Polly's arms, but he didn't.

After Joe's mother went home, Mary and Sid went to bed. Aunt Polly cried herself to sleep. She moaned in her sleep from time to time.

Tom stole out of his hiding place and went to Aunt Polly's bedside. He felt sorry for her. He kissed her gently on the cheek and left the house quietly.

□ mainland (섬과 구별하여) 본토
□ mischievous 장난이 심한
□ sob 흐느끼다
□ funeral 장례식
□ be held (식이) 거행되다, 열리다
□ rush into …안으로 뛰어들다

□ cry oneself to sleep 울다가 잠들다
□ moan 신음하다, 한탄하다
□ from time to time 때때로, 이따금
□ steal out of …에서 몰래 빠져나오다
  (steal-stole-stolen)
□ bedside 침대 곁

1 **put one's arms around** …을 양팔로 감싸 안다
Mary put her arms around Aunt Polly and cried.
메리는 폴리 이모를 양팔로 감싸 안고는 울었다.

2 **with tears in one's eyes** 눈에 눈물을 글썽이며
Tom listened with tears in his eyes. 톰은 눈에 눈물을 글썽이며 들었다.

Mini-Lesson

조건문과 시제의 일치

He heard that a funeral would be held Sunday if the boys weren't found.라는 문장은 He heard 다음에 온 조건문(a funeral will be held Sunday if the boys aren't found.)의 동사가 시제 일치에 의해 과거형으로 바뀐 문장이랍니다.

• I heard that she could get a job if she finished her study.
  난 그녀가 학업을 마친다면 취직할 수 있을 거라고 들었다.

Tom arrived at the camp when the sun was rising.

"Where were you?" asked Huck and Joe.

"I've been home," said Tom.

He told them everything he had seen and heard. Huck and Joe listened carefully.

"I want to go home," said Joe.

"Me too!" said Huck.

"Not yet," said Tom. "I have a plan. Listen, on Sunday morning, we'll ..."

When Joe and Huck heard Tom's plan, they laughed with joy.

"That's a great idea," said Joe. "Now, let's play Indians."

They went to the shore and painted themselves with mud. They pretended they were enemy Indians, and had great fun attacking each other.

When they became hungry, they caught some fish and roasted them on the fire. They enjoyed the next few days.

□ shore (강·호수의) 물가
□ play Indians 인디언 놀이를 하다
□ mud 진흙

□ enemy 적, 적군
□ have fun ...ing ···하며 즐겁게 놀다
□ attack 공격하다

On Sunday, all the townspeople gathered at the church. Everyone was crying. The people sang a sad hymn. Then the minister spoke about the boys' lives. He said wonderful things about them.

Suddenly, the door at the back of the church opened. The minister looked and stopped speaking. Everyone turned around and watched in shocked silence. The three dead boys walked into the church!

Instantly, Aunt Polly and Mrs. Harper ran to their boys. They hugged and kissed them. Huck stood by, feeling embarrassed. He started to walk away but Tom grabbed him.

"Aunt Polly," he said. "Someone should be happy to see Huck too."

"Well, I'm very happy to see him," said Aunt Polly.

She hugged and kissed Huck. He felt very uncomfortable.

The minister shouted, "Praise God! Let us sing!"

Everyone in the church sang loudly and joyfully.

It was Tom's idea to come back for the funeral. ☀

And it was a great success!

□ townspeople 마을 사람들
□ hymn (교회의) 찬송가
□ minister 목사, 성직자
□ turn around 몸을 돌리다
□ in shocked silence 깜짝 놀라 말없이

□ instantly 즉시, 바로
□ grab 와락 붙잡다
　(grab-grabbed-grabbed)
□ uncomfortable (마음이) 불편한
□ praise (신)을 찬양하다

Mini-Less☀n

See p.104

가주어 vs. 진주어

It was Tom's idea to come back for the funeral. (장례식에 맞춰 돌아오기로 한 것은 톰의 계획이었다.)에서 It은 to come back for the funeral을 의미해요. 주어가 길어서 It을 대신 쓴 것이랍니다. 그래서 It을 '가주어'라고 하고 to come back for the funeral을 '진주어'라고 해요.

• It is difficult to learn Russian. 러시아 어를 배우는 것은 어렵다.

On Monday, Tom went to school. He ignored Becky and spent his time with Amy. Becky ran away, crying with jealousy.

After a while, Tom found Becky with Alfred Temple. They were looking at a picture book together and laughing. Tom was so jealous that he ran off in a huff. [1]

When Tom went home for lunch, Becky lost interest in Alfred. He tried to show her more pictures, but she told him to go away. Becky walked outside and Alfred followed her.

"Don't bother me!" she shouted angrily.

He was sad and angry.

"Becky used me to make Tom jealous," he thought. "I'll fix him."

He went into the classroom. He found Tom's spelling book in his desk. Then he poured ink over the pages. Becky saw it through a window.

---

1 **so ... that절** 너무 …해서 ~하다
   Tom was so jealous that he ran off in a huff.
   톰은 너무 질투가 나서 발끈하며 뛰어가 버렸다.

2 **deserve to + 동사원형 / ...ing** (마땅히) …할 만하다
   Tom deserves to be punished. 톰은 벌을 받을 만해.

"I should tell Tom," she thought. "Mr. Dobbins will beat Tom when he finds out about the ruined spelling book. But ... no, I won't tell him. Tom deserves to be punished." [2]

Later, Becky went into the classroom. No one was there. Then she saw a key in the lock of Mr. Dobbins's desk. He kept a special book in there. He read it every day when the children were busy with classwork.

She opened the drawer and took out the book. She turned to the first page. Just then, Tom came into the classroom. As Becky quickly closed the book, the picture tore into two pieces.

"Tom!" cried Becky. "You scared me. Mr. Dobbins will punish me for this."

"Well, I won't tell him," said Tom.

But he knew Mr. Dobbins would soon find out.

□ with jealousy 질투가 나서
□ in a huff 발끈하며, 화를 벌컥 내며
□ lose interest in …에 흥미를 잃다
  (lose-lost-lost)
□ bother 귀찮게 하다
□ fix 혼내 주다, 손보다
□ pour A over B A를 B 위에 붓다
□ ruined 못 쓰게 된, 망가진

□ lock 자물쇠
□ be busy with …로 바쁘다
□ drawer 서랍
□ turn to (페이지)를 펴다; …로 향하다
□ tear into ... pieces … 조각으로
  찢어지다 (tear-tore-torn)
□ scare 겁주다, 놀라게 하다

When the lesson began, Mr. Dobbins saw Tom's ruined spelling book. He beat Tom with a stick. Becky wanted to tell the truth. But she said nothing.

After a while, Mr. Dobbins opened his desk drawer and took out his special book. His face turned red with anger.

"Who tore this page?" said Mr. Dobbins.

There was silence. Mr. Dobbins began questioning each student. He started with the boys. Soon, he turned to the girls.

"Amy Lawrence, did you tear this page?" he said.

"No, sir!" she said.

"Becky Thatcher, did you tear this page?" he said.

Tom saw Becky's face turn white with terror. He had to save her!

"I did it!" Tom shouted.

Tom saw the surprise and love in Becky's eyes.

□ with anger 화가 나서
□ tear 찢다, 뜯다
□ question …에게 질문하다
□ with terror 무서워서

□ save 구하다, 구조하다
□ forgive A for B A가 B한 것을 용서하다
□ make up 화해하다
□ noble (성격이) 훌륭한, 고결한

After school, Becky was waiting for him. She told him what Alfred had done. Tom forgave her for not telling the truth, and they made up.

That night, Tom fell asleep, remembering Becky's last words.

"Tom, you are so noble!"

❓ What happened after Tom saved Becky?
  a. Becky was still angry with Tom.
  b. Becky and Tom made up.
  c. Tom didn't forgive Becky.

Check-up Time!

다음 단어와 단어의 뜻을 서로 연결하세요.

1 grab •

• a. the part of a desk for putting things in

2 shore •

• b. to take something suddenly and roughly

3 drawer •

• c. the land along the edge of a sea, lake or wide river

4 attack •

• d. to try to hurt someone or something

● STRUCTURE

It〔it〕이 보기와 같은 뜻으로 쓰인 문장을 고르세요.

> **It** was Tom's idea to come back for the funeral.

a. As **it** grew dark, they became silent.

b. **It** was not easy to row to Jackson Island.

c. Potter took out a knife and held **it** toward the doctor.

ANSWERS

빈칸에 알맞은 내용을 보기에서 찾아 문장을 완성하세요.

1 Becky knew Alfred had ruined Tom's spelling book

_____ .

2 Tom ignored Becky and spent his time with Amy

_____ .

> a. so Becky used Alfred to make Tom jealous
> b. but she said nothing to her teacher

● SUMMARY

빈칸에 맞는 말을 골라 이야기를 완성하세요.

> Tom, Huck and Joe Harper decided to become (   )
> and rowed to Jackson Island. Soon, they found out that
> the townspeople were searching for them. Tom secretly
> went home and heard that the (   ) would be held on
> Sunday. The boys came back on Sunday and surprised
> everybody. At school, Tom and Becky made each other
> jealous. But when Becky tore Mr. Dobbins's book, Tom
> (   ) her from punishment. Then they (   ).

a. funeral   b. pirates   c. made up   d. saved

Tom Sawyer's 톰 소여의 집과 박물관으로 함께 가요!
Home and Museum!

Do you want to meet Tom Sawyer? If you go to Hannibal, you might see him painting the fence. Hannibal is a port city on the bank of the Mississippi River in the United States. It is also the setting for *The Adventures of Tom Sawyer*. Every year thousands of people visit this place to see Tom Sawyer's fence and boyhood home in the story. In real life, this house was the boyhood home of Mark Twain, the author of the story.

It is an old frame house which is constructed around 1843, so it is on the National Register of Historic Places and is designated as a National Historic Landmark. At first, it displayed Mark Twain's artifacts including photographs, writing desk and chair, a collection of printed materials including first edition of *The Adventures of Tom Sawyer* and many foreign editions of his works.

In 1935, a museum was constructed right next to the boyhood home as the Mark Twain centennial celebration of his birth. And now the collection of the museum is more varied and numerous. How about visiting Tom Sawyer's boyhood home and museum where his adventurous spirit seems to come alive?

톰 소여를 만나고 싶으신가요? 해니벌에 가면 울타리를 페인트칠하는 톰 소여를 만날 수 있을지도 몰라요. 해니벌은 미국 미시시피 강변의 항구도시인데요, 〈톰 소여의 모험〉의 배경이 된 곳이기도 하답니다. 매년 수천 명의 관광객들이 이야기 속에 등장하는 톰 소여의 울타리와 집을 구경하려고 이곳을 방문하지요. 실제로 톰 소여의 집은 저자인 마크 트웨인이 어렸을 때 살던 곳이었어요. 1843년경에 지어진 오래된 판자 가옥이기 때문에, 이곳은 현재 국가역사경관지구에 등재되어 있고, 또한 국가지정사적으로 되어 있답니다. 처음엔 마크 트웨인의 사진, 글을 쓰던 책상과 의자를 포함한 유품들과 〈톰 소여의 모험〉의 초판과 다양한 언어로 번역된 마크 트웨인의 작품들을 전시했습니다. 1935년에 마크 트웨인의 탄생 100주년을 기념하면서 톰 소여의 집 바로 옆에 박물관을 지었는데요, 전시물도 많아지고, 종류도 더 다양해졌답니다. 모험을 좋아하는 톰 소여의 기상이 생동하는 집과 박물관을 한번 찾아가 보는 것은 어떨까요?

CHAPTER 4

Trials and Treasure Hunts

포터의 재판과 보물찾기

Summer break began and Becky went away on vacation. Tom got the measles and was very sick. He [1] had a fever and talked in his sleep about the murder.

After three weeks, Tom was better and the trial of Muff Potter was about to begin. He went to talk with Huck.

"Huck, have you told anybody?" said Tom.

"Of course not!" said Huck. "If we tell, Indian Joe will kill us."

"I know," said Tom. "I guess they'll hang Potter. I feel sorry for him."

"So do I!" said Huck, sadly. "He was always nice☀ to me. He sometimes gave me food when I was hungry."

"He was kind to me too," said Tom. "I wish we could do something to help him."

☐ trial 재판
☐ summer break 여름 방학

☐ measles 홍역
☐ have a fever (병으로 인해) 열이 나다

---

1 **go away on vacation** 멀리 휴가를 가다
Summer break began and Becky went away on vacation.
여름 방학이 시작되었고 베키는 멀리 휴가를 갔다.

Mini-Less☀n

So + 동사 + 주어 : …도 그렇다
앞 사람이 한 말에 대해 '…도 그렇다(마찬가지다)'라고 할 때는 「So + 동사 + 주어」의 형태로 나타내요. So를 강조하기 위해 문장 맨 앞에 두면서 주어와 동사의 위치가 바뀐 거랍니다.

A I feel sorry for him. 난 그가 안쓰러워.
B So do I! 나도 그래!

A I'm tired. 난 지쳤어.
B So am I! 나도 그래!

When the trial began, Tom and Huck went to the courthouse every day. One witness had seen Potter washing in the river. Another witness had found Potter's knife near the dead doctor.

Potter's lawyer didn't ask the witnesses any questions. It seemed as if he wasn't trying to save [1] Potter. But then the lawyer spoke to Judge Thatcher, who was hearing the case.

"Your honor," he said. "I call Thomas Sawyer."

Everyone was surprised. Potter was most surprised of all. Tom walked to the witness stand. He was very frightened but promised to tell the truth. He had secretly told the lawyer about the murder before the trial.

"Thomas Sawyer, where were you on the night of June seventeenth?" asked the lawyer.

□ courthouse 재판소
□ witness (법정에 서는) 증인
□ lawyer 변호사
□ hear the case 사건을 심문하다

□ Your honor (판사 등에 대한 경칭) 재판장님
□ witness stand (법정의) 증인석
□ crowd 관중, 군중

1 **It seemed as if + 주어 + 과거형 동사** 마치 …인 것 같았다
It seemed as if he wasn't trying to save Potter.
마치 변호사는 포터를 구하려고 애쓰지 않는 것 같았다.

Tom saw Indian Joe's face in the crowd. For a moment, he couldn't speak.

"In the graveyard," he said finally.

Indian Joe looked at Tom with a strange smile on his face.

The lawyer continued, "Were you hidden near Hoss Williams's grave?"

"Yes, sir," answered Tom.

"Were you alone?" asked the lawyer.

Tom hesitated.

"Don't answer that," said the lawyer. "I'll call the other witness if I have to. Did you have anything with you?"

"A dead cat," said Tom.

Everyone laughed.

"Now, Tom, tell us what happened that night," said the lawyer. "Don't be afraid."

Tom began to tell what he had seen. Everyone listened breathlessly.

"And then," continued Tom, "Indian Joe grabbed the knife and ..."

☐ breathlessly 숨을 죽인 채
☐ Crash! (충돌할 때 나는 소리) 쾅!
☐ be set free 풀려나다, 석방되다
☐ offer a reward for …에 대해 현상금을 걸다
☐ capture 생포, 체포

Crash! Indian Joe ran through the crowd and jumped out of the window!

Potter was set free immediately and Tom was a hero. Every day, Potter thanked Tom and it made Tom glad. But every night he was filled with fear and dreamed of Indian Joe. Huck was worried that Indian Joe would learn about him too.

Judge Thatcher offered a reward for Indian Joe's capture. He wasn't found and the search continued.

As time went by, the boys became less and less afraid. They began planning a new adventure. [1]

"Let's hunt for buried treasure," said Tom one day.

"That's a good idea," said Huck. "But where can we find buried treasure?"

"Well, robbers usually bury it under old dead trees or in haunted houses," said Tom.

"Why don't they spend it?" said Huck.

"Sometimes they do," answered Tom. "But usually they just forget about it or die. Then, somebody with an old map can find it."

"Do you have an old map, Tom?" said Huck.

"No," said Tom. "We'll just look under old dead trees and in haunted houses."

They agreed to start the treasure hunt under an old dead tree near Cardiff Hill.

□ haunted house 유령이 나오는 집   □ during the daytime 낮 동안에
□ pick 곡괭이   □ staircase 계단, 층계
□ What about ...? …은 어떻게 하지?   □ spider web 거미줄

---

1 become(grow) + 형용사의 비교급 + and + 형용사의 비교급 점점 더 …해지다
  As time went by, they became less and less afraid.
  시간이 흐를수록 그들은 두려움이 점점 더 약해졌다.

That night, they went to the old dead tree. They began digging with shovels and picks. The hole grew deeper and deeper but they found nothing.

"There's no treasure here," said Tom. "Let's try the haunted house in the valley."

"Tom, I don't like haunted houses," said Huck. "What about the ghosts?"

"Ghosts only come out at night," said Tom. "If we go during the daytime, we'll be okay."

The next day, Huck and Tom met at the haunted house. They went inside. It had a dirt floor and a broken staircase. Spider webs were everywhere. Tom and Huck walked through the house quietly. Then they went upstairs. There was nothing there.

❷ Tom and Huck went to an old dead tree with _____.
L a. an old map   b. shovels and picks   c. buried treasure

Mini-Less☀n

앞에 나온 동사를 대신하는 대동사

영어에서는 단어가 반복되는 것을 피하려는 경향이 있어요. Why don't they spend it?의 대답이 되는 Sometimes they do.에서 do는 앞 문장의 spend를 대신하는 대동사랍니다. 이때 주의할 점은 두 동사의 시제를 일치시켜야 한다는 거예요.

A You lied. 네가 거짓말을 했어.

B No, he did(= lied). 아냐, 그가 거짓말을 했어.

Suddenly, the boys heard a noise!

"Shhh!" said Tom. "Let's hide. Someone's coming!"

They lay down on the upstairs floor. They looked to the room below through the holes.

Two men came inside. Tom and Huck recognized one of the men. He was an old Spanish man. He had long white hair and a long white beard, and always wore dark glasses. He had been in town for a few weeks. He stayed at an inn and never spoke to anyone.

The other man spoke first.

"That other job is too dangerous," he said.

"Dangerous?" said the Spanish man. "It's not dangerous!"

The boys recognized the voice of the Spanish man. It was Indian Joe in disguise.

"Now, what should we do with the money we stole?" said Indian Joe.

"Let's bury it here for now," said his partner.

The boys were very excited to hear this.

"Treasure!" they thought.

□ recognize 알아보다, 인지하다
□ beard 턱수염
□ inn 여관

□ in disguise 변장을 한
□ steal 훔치다
□ for now 지금 당장은, 당분간

Indian Joe and his partner began digging.

"I've hit something," said Indian Joe.

He kept digging. Soon he saw an old wooden box. He stopped digging and opened it.

"Hey, it's money!" said Indian Joe as he grabbed some gold coins.

"It could be thousands of dollars!" said his partner. "Now you don't need to do that other job."

"I'll still do it," said Indian Joe. "It's not for money. It's for revenge!"

"Well, what will we do with these gold coins?" said his partner.

"Let's bury it all in the hideout under the cross," said Indian Joe.

He and his partner picked up the heavy box and left. The boys' excitement turned to disappointment.

□ wooden 나무로 만든
□ thousands of 수천의
□ hideout (범죄자의) 은신처
□ cross 십자 기호, ×표
□ turn to …로 변하다
□ disappointment 실망
□ for a while 잠시 동안
□ mean to+동사원형 …할 작정이다

1 get(take) (one's) revenge on …에게 복수하다
   Did Indian Joe mean to get revenge on him?
   인디언 조가 그에게 복수할 작정이었을까?

"Huck, we have to find the treasure," said Tom. "Under the cross ... Where could that be?"

"I have no idea," said Huck. "What should we do?"

"Let's meet every night and follow Indian Joe until we find the place," said Tom.

"Good idea!" said Huck.

They waited for a while and then they went back to town. But as Tom walked home, he was very afraid. Did Indian Joe mean to get revenge on him? [1]

Check-up Time!

● WORDS

빈칸에 알맞은 단어를 고르세요.

1 Everyone listened _____ to Tom.

    a. beautifully   b. brightly   c. breathlessly

2 The Spanish man was Indian Joe in _____.

    a. trial   b. disguise   c. staircase

3 Potter was _____ free immediately and Tom was a hero.

    a. set   b. stood   c. recognized

● STRUCTURE

괄호 안의 두 단어 중 어법상 알맞은 단어를 골라 문장을 완성하세요.

1 Becky went away (on, at) vacation.

2 It seemed (as, so) if he wasn't trying to save Potter.

3 As time went by, the boys became less (or, and) less afraid.

4 Did he mean to get revenge (to, on) Tom?

ANSWERS

Words | 1. c 2. b 3. a
Structure | 1. on 2. as 3. and 4. on

다음 질문에 알맞은 답을 고르세요.

1 Where did Tom and Huck start the treasure hunt?

    a. Under an old dead tree

    b. In a haunted house

2 How did Tom and Huck realize the Spanish man was Indian Joe?

    a. They recognized the treasure box of Indian Joe.

    b. They recognized the voice of Indian Joe.

● SUMMARY

빈칸에 맞는 말을 골라 이야기를 완성하세요.

The trial of Muff Potter began and Tom told about the murder in the (   ). Indian Joe ran off and a (   ) for his capture was offered. Later, Tom and Huck started a treasure hunt and went to a (   ). They saw Indian Joe and his partner find a treasure box and go away with it. They decided to follow Indian Joe every night until they found the (   ) where the treasure was buried.

a. reward   b. haunted house

c. courthouse   d. hideout

ANSWERS

Comprehension | 1. a 2. b
Summary | c, a, b, d

Escapes and Discoveries

동굴에서의 탈출과 보물의 발견

Becky came back to town in time for her birthday.
On Saturday morning, the town's children gathered
at her house for a special party. Her parents had
rented a ferryboat. And they had hired some people
to look after the children.

"You'll be late tonight," said Mrs. Thatcher to Becky.
"You'd better stay with one of the girls who live [1]
near the ferryboat landing."

"I'll stay with Susie Harper," said Becky.

"Very well," said her mother. "Be a good girl."

□ escape 탈출
□ discovery 발견
□ in time for …의 때에 맞추어
□ rent 빌리다
□ hire 고용하다
□ look after …을 보살피다

□ landing 선착장
□ board (배 · 비행기)에 타다
□ go ashore 육지에 오르다, 상륙하다
□ cave 동굴
□ tunnel 터널, 굴
□ before long 머지 않아, 곧

---

[1] had (´d) better + 동사원형 …하는 편이 낫다
You'd better stay with one of the girls who live near the
ferryboat landing.
네가 연락선 선착장 근처에 사는 아이들 중 한 아이의 집에 머무르는 편이 낫겠다.

Everyone was very excited as they boarded the ferryboat. A few miles from town, they went ashore. Then they had a delicious lunch. Tom spent most of his time with Becky. He soon forgot he was to meet Huck that night.

The children played games and some of the boys went swimming. Then they all walked to McDougal's Cave. They each took a candle and began to explore its tunnels.

Before long, they heard the ferryboat's bell. It was getting dark and time to go home.

Meanwhile, Huck was waiting for Tom. It was late
at night when he saw Indian Joe and his partner. ☀
They were coming out of the inn. Huck followed
them. They stopped a few yards from Mrs. Douglas's
house.

1야드는 92.4센티미터이므로 악당들은
더글라스 부인의 집에서 매우 가까운 곳에 있었던 거예요.

"Judge Douglas put me in jail many times," said
Indian Joe. "Now he's dead and I'm going to take
my revenge on his widow!"

Huck was shocked. He ran down the hill to the
Welshman's cabin.

"I need help!" he called.

"What's wrong, Huckleberry?" said the Welshman.

"It's Indian Joe ... he's going to hurt Mrs. Douglas," said Huck.

The Welshman and his sons grabbed their guns and ran to Mrs. Douglas's house. Huck stayed behind, trembling with fear. Soon he heard gunshots.

When the Welshman returned, Huck asked, "What happened? Did you get them?"

"No. They got away," said the Welshman. "But Mrs. Douglas is safe. You saved her life. You are a very brave lad!"

- ☐ meanwhile 그동안, 그사이
- ☐ put ... in jail …을 교도소에 집어넣다
- ☐ widow 미망인, 과부
- ☐ Welshman 웨일스(Wales) 지방 출신의 남자
- ☐ stay behind 뒤에 남다

- ☐ tremble 벌벌 떨다
- ☐ gunshot 사격, 발포
- ☐ get away 도망치다
- ☐ save one's life …의 목숨을 구하다
- ☐ lad 소년, 젊은이

Mini-Less :❀: n

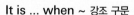

It is ... when ~ 강조 구문

'~한 것은 바로 …(때)이다'라고 시간을 강조하고 싶을 때에는 「It is ... when ~」을 쓰면 된답니다. He saw Indian Joe and his partner late at night.(허크는 늦은 밤에 인디언 조와 그의 동료를 보았다.)를 It was late at night when he saw Indian Joe and his partner. (허크가 인디언 조와 그의 동료를 본 것은 늦은 밤이었다.)로 바꾸면 시간이 더 강조되지요.

• It was yesterday when I met him. 내가 그를 만난 것은 바로 어제였다.

The next day was Sunday and the townspeople gathered for church. Before church, they talked about Indian Joe and Mrs. Douglas. The criminals still hadn't been caught.

After church, Mrs. Thatcher went to talk to Mrs. Harper.

"Where's Becky?" she asked.

"Becky?" said Mrs. Harper.

"Yes," said Mrs. Thatcher nervously. "Didn't she stay with you and Susie last night?"

"No, she didn't." said Mrs. Harper.

Mrs. Thatcher turned pale. Just then, Aunt Polly walked over.

"Good morning," she said. "Tom's missing. Did he stay with either of you last night?"

Mrs. Thatcher turned even paler and fainted. [1]

□ church 예배
□ criminal 범죄자
□ be caught 잡히다
□ nervously 초조하게
□ turn pale (얼굴이) 창백하게 변하다

□ missing 실종된, 사라진
□ either of (둘 중) 어느 한 쪽
□ faint 기절하다
□ spread (소문이) 퍼지다
□ search for …을 수색하여 찾다

1 even + 형용사의 비교급 더욱 더 …한
Mrs. Thatcher turned even paler and fainted.
대처 부인은 더욱 더 창백해지더니 기절했다.

The news about the missing children spread quickly. The whole town gathered to search for the missing children. They searched the cave and its tunnels for three days. Then, someone found one of Becky's hair ribbons.

"Is this all I have from my Becky?" cried Mrs. Thatcher.

☐ separate from …에서 떨어지다
☐ hopelessly 가망 없이, 절망적으로
☐ lost 길을 잃은
☐ echo back 메아리로 되돌아오다
☐ go out (등·불이) 꺼지다

☐ in total darkness 암흑 속에
☐ kite-string 연줄
☐ way out 나가는 길
☐ freeze (공포·충격으로) 얼어붙다
   (freeze-froze-frozen)

On the first day, Tom and Becky separated from the other children. They went so deep into the cave that they didn't hear the ferryboat's bell. Then they were frightened by bats and ran into a tunnel.

Soon, they were hopelessly lost. Tom shouted. He hoped that someone might hear him. His voice echoed back through the tunnels and made a strange sound.

Later, their candle went out and they were in total darkness. Becky sobbed with fear. Tom gently put his arms around her to comfort her.

By the next day, they were both hungry and frightened. Then Tom found a kite-string in his pocket.

"Don't worry, Becky," he said. "I'll find a way out."

He tied the string to a rock. Then he put one hand on the wall and began walking. Soon, Tom saw a candle light ahead. He shouted with joy! Then he froze. It was Indian Joe!

"What if he sees me?" thought Tom.

Suddenly, Indian Joe began running away. He was frightened by Tom's voice echoing in the cave. Tom continued searching for a way out.

On Tuesday evening, the church bells rang!

"They've been found!" shouted the townspeople. Everyone gathered to welcome the missing children home. Tom told how he had searched the tunnels.

"I went to the end of my kite-string," he said. "Then I saw daylight! I looked out and saw the Mississippi River!"

Tom and Becky were tired from spending three days and nights in the cave. They had to stay in bed for days.

❓ Tom used his _____ to search
L for a way out.

정답 kite-string

□ welcome ... home ···이 집에 온 것을 환영하다
□ for days 며칠 동안

□ iron 철의, 철로 된
□ unlock ···의 자물쇠를 열다
□ lie 누워 있다 (lie-lay-lain)

1 starve to death 굶어 죽다
He had starved to death. 그는 굶어 죽어 있었다.

Two weeks later, Tom met Judge Thatcher in the street.

"Tom, I've put a big iron gate on the cave," said the judge. "No one will be lost in there again."

"But, Indian Joe's in there!" said Tom.

All the men of the town went to the cave. When they unlocked the gate, they found Indian Joe lying there. He had starved to death. [1]

Next day, Tom went to see Huck.

"Huck, I'm sure Indian Joe's treasure is in the cave," he said.

"How do you know?" said Huck.

"Just follow me and you'll see," said Tom.

The boys took a shovel, two bags and a candle. They got into a boat and rowed to the cave. They tied their kite-strings near the entrance and went in. Soon, they found a huge rock.

"Huck," cried Tom. "Look at that rock. There's something burned on it."

"Tom, it's a cross!" shouted Huck.

"I saw Indian Joe holding his candle near there," said Tom.

They started digging under the cross. They found some boards and pulled them aside. There was a wide hole behind them. Tom put his candle in and saw a small cavern. Some guns were in a corner and the treasure box was there!

□ entrance 입구
□ burned 불에 탄〔그은〕
□ board 판자
□ pull ... aside ⋯을 옆으로 끌어당기다
□ cavern 땅굴
□ shed 헛간, 광

They went in and opened it. It was full of gold coins.

"We're rich, Tom!" said Huck.

"This is too good to be true!" cried Tom. [1]

"Let's hide the treasure in the Mrs. Douglas's shed," said Huck.

They put the treasure into the bags and carried it to the boat.

---

1 **too good to be true** 너무 좋아서 믿어지지가 않는
"This is too good to be true!" cried Tom.
"너무 좋아서 믿어지지가 않아!" 톰이 소리쳤다.

1 a + 단위 …마다

They decided that each would take a dollar a week for pocket money. 그들은 일주일마다 각각 1달러씩 용돈을 받기로 했다.

After the boys hid the treasure, they went to Mrs. Douglas's house. They were surprised to find many townspeople there. The people were waiting for Tom and Huck.

The old Welshman stood up to speak. He told what Huck had done for Mrs. Douglas. Then Mrs. Douglas told that she wanted to take care of Huck.

"He'll go to school and will never be poor again," she said.

"Huck isn't poor!" shouted Tom. "He's rich!"

Everyone laughed. Tom ran out of the room and returned with the heavy bags of gold coins.

"Half is Huck's and half is mine!" Tom said.

Nobody spoke for a moment. Then they all began to ask questions. Tom explained how he and Huck had found the treasure.

When Tom finally finished speaking, the judge counted the money. There was over twelve thousand dollars. The judge said that the boys should put the money in the bank. Tom and Huck agreed. And they decided that each would take a dollar a week for [1] pocket money.

Huck stayed with Mrs. Douglas. He wore neat clothes, washed regularly, and went to church and school.

After three weeks, he ran away. Tom went to the old house where Huck used to sleep. He found Huck there.

"Tom," said Huck. "Mrs. Douglas is good to me, but I don't like that life. Come on. We've got those guns from the cave. Let's be robbers!"

Tom saw his chance.

"Huck, you can't be in my gang unless you're respectable," he said. "A robber is more high-class than a pirate."

Huck thought for a moment.

"Okay," he said. "Then I'll go back to Mrs. Douglas for a month."

"Let's have our first gang meeting tonight," said Tom. "We'll swear in blood to be loyal and never tell the gang's secrets."

"That sounds a million times better than being a pirate!" said Huck. "I think I'll stay with Mrs. Douglas forever. I'll be a great robber!"

□ neat 단정한, 깔끔한
□ regularly 규칙적으로
□ be good to …에게 잘 대해 주다
□ see one's chance 기회를 포착하다
□ gang 일당, 한패

□ unless 만약 …이 아니라면 (= if not)
□ respectable 존경할 만한
□ high-class 상류 계급의
□ loyal 충성스러운
□ million 백만의

See p.105

Mini-Lesson

몇 배나 더 크냐구요?

'조금 더 크다', '많이 더 크다'는 애매하죠. 정확하게 '…보다 A 배 더 B한'이라는
표현을 할 때는 「수사(A)＋times＋형용사의 비교급(B)＋than」이라고 하면 된답니다.

• That sounds a million times better than being a pirate!
  그건 해적이 되는 것보다 백만 배 더 좋을 것 같다!

• My house is three times bigger than this one. 우리 집이 이 집보다 세 배 더 크다.

Check-up Time!

● **WORDS**

퍼즐의 빈칸에 들어갈 알맞은 철자를 써서 단어를 완성하세요.

Across

1. 일단, 한패
2. 벌벌 떨다
3. 철의, 철로 된

Down

4. 땅굴
5. (소문이) 퍼지다

1 [ ] a [ ] [ ]

2 t [ ] [ ] [ ] e

3 i [ ] [ ]

● **STRUCTURE**

빈칸에 알맞은 단어를 골라 문장을 완성하세요.

1 Indian Joe had starved _____.

    a. in death   b. to death   c. of death

2 Mrs. Thatcher turned _____ paler and fainted.

    a. even   b. more   c. so

3 You'd better _____ with Susie Harper tonight.

    a. to stay   b. staying   c. stay

ANSWERS

Structure | 1. b 2. a 3. c

Words | 1. gang 2. tremble 3. iron 4. cavern 5. spread

• COMPREHENSION

본문의 내용과 일치하면 T, 일치하지 않으면 F에 표시하세요.

1 Indian Joe was frightened by Becky's voice. T ☐ F ☐

2 Mrs. Douglas took good care of Huck. T ☐ F ☐

3 Judge Thatcher put an iron gate on the cave. T ☐ F ☐

4 Tom followed Indian Joe and his partner to Mrs. Douglas's house. T ☐ F ☐

• SUMMARY

빈칸에 맞는 말을 골라 이야기를 완성하세요.

> The town's children went on a picnic and had fun. They explored (　) and went home. But Tom and Becky stayed because they were lost. While Tom was searching for a way out, he saw Indian Joe. Meanwhile, Huck (　) Mrs. Douglas's life. After Tom and Becky (　), Tom went to the cave again with Huck and finally found the treasure. And then they decided to become (　).

a. robbers b. escaped

c. saved d. McDougal's Cave

ANSWERS

Comprehension | 1. F 2. T 3. T 4. F
Summary | d, c, b, a

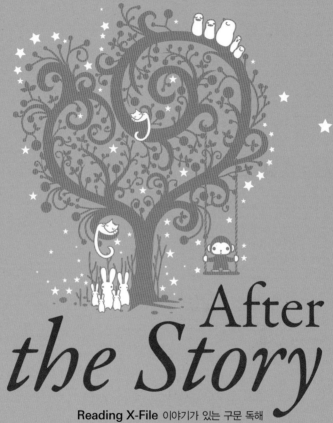

After the Story

Reading X-File 이야기가 있는 구문 독해
Listening X-File 공개 리스닝 비밀 파일
Story in Korean 우리 글로 다시 읽기

If he had gone swimming, he'd have unpicked the stitches in the front.

만약 톰이 수영하러 갔다면 앞쪽 바늘땀을 풀었을 것이다.

★　★　★

톰이 오후 수업을 빼먹고 수영을 하러 갔다고 확신한 폴리 이모는 그 증거를 찾아내 개구쟁이 톰을 혼내주려 합니다. 그리고는 톰의 셔츠 깃 앞쪽이 실로 꿰매져 있기 때문에 수영을 하려면 바늘땀을 뽑아 풀었으리라는 생각을 하게 되지요. 이와 같은 폴리 이모의 생각을 나타내주는 위 문장에 '만약 …했다면 ~했을 것이다' 라는 뜻의 가정법 과거완료 표현(If + 주어 + had + p.p., 주어 + would / could / might have + p.p.)이 쓰였는데요, 베키와 톰의 대화로 이 표현을 다시 살펴봐요.

Becky

Tom, how could you trick your friends and make them paint the fence?

톰, 어쩌면 그렇게 친구들을 속여서 울타리를 페인트칠하게 만들 수 있었단 말이니?

Tom

I couldn't help it. If I had painted it alone, it would have taken too much time.

어쩔 수 없었어. 만약 내가 혼자서 페인트칠을 했다면, 시간이 아주 많이 걸렸을 거야.

They hid behind some trees and waited for the devil to come.

그들은 나무 뒤에 숨어서 악마가 오기를 기다렸다.

★　★　★

늦은 밤 허크는 사마귀를 치료하기 위해 톰과 함께 공동묘지로 갑니다. 자정이 되어 악마가 죽은 사람을 데려가기 위해 무덤에 나타날 때 죽은 고양이를 던지며 주문을 외우면 사마귀가 치료된다고 믿기 때문이었죠. 그 광경을 묘사한 위 문장에 for the devil이라는 표현이 있는데요, to come의 의미상의 주어라는 것, 눈치채셨나요? 문장의 주어와 to 부정사의 주어가 다를 때는 to 부정사 앞에 그 주어를 for + 명사〔대명사〕 형태로 나타내 주어야 한답니다.

Huck

I have a dead cat and I know a spell.
We only have to find Hoss Williams's grave.

난 죽은 고양이도 있고 주문도 알고 있어.
우린 호스 윌리엄스의 무덤만 찾으면 되는 거야.

Tom

Here it is! It's Hoss Williams's grave. Now everything is ready for you to cure your warts.

여기야! 여기가 호스 윌리엄스의 무덤이야. 이제 네가 사마귀를 치료하는 데 만반의 준비가 되었어.

본문 page 59
본문 page 97

It was Tom's idea to come back for the funeral.

장례식에 맞춰 돌아오기로 한 것은 톰의 계획이었다.

★　★　★

해적이 되려고 집을 떠난 톰과 그의 친구들은 마을 사람들이 자신들을 찾고 있다는 것을 알게 됩니다. 이에 집으로 돌아가 상황을 엿보던 톰은 일요일에 자신들의 장례식이 열린다는 말을 듣고는 장례식 날 친구들과 함께 나타나 마을 사람들을 놀라게 하는 깜짝 쇼를 벌이지요. 이를 설명하는 위 문장에서 It은 to come back for the funeral을 나타내는데요, 진주어인 to come back for the funeral이 길어서 가주어 It을 대신 쓴 것이랍니다.

Becky

Jackson Island is three miles from town.
How did you get there?

잭슨 섬은 마을에서 3마일이나 떨어져 있어.
너희들은 거기에 어떻게 갔니?

Tom

It was not difficult to go to Jackson Island.
We used the small raft at the riverbank.

잭슨 섬에 가는 것은 어렵지 않았어.
우린 강둑에 있는 작은 뗏목을 이용했어.

That sounds a million times better than being a pirate!

그건 해적이 되는 것보다 백만 배는 더 좋을 것 같다!

★　★　★

깨끗하고 규칙적인 생활을 견디지 못한 허크는 더글라스 부인의 집에서 도망쳐 나와 톰에게 강도가 되자고 합니다. 이에 톰은 허크를 달래려고 그날 밤 강도단이 되는 첫 모임을 갖고 강도로서의 충성과 비밀을 지킬 것을 피로 맹세하자고 하지요. 이에 허크는 신이 나서 위와 같이 말합니다. '…보다 A 배 더 B한'이라는 뜻의 수사(A)＋times＋형용사의 비교급(B)＋than을 사용해서 말이죠. 그럼 이 표현을 허크와 톰의 대화로 다시 한번 익혀 볼까요?

Huck

You searched the tunnels in the dark cave and found a way out. You were so brave!

넌 어두운 동굴 속에서 터널을 수색해서 나가는 길을 발견했어. 넌 참 용감했어!

Tom

You saved Mrs. Douglas's life. You were a hundred times braver than me!

넌 더글라스 부인의 목숨을 구했잖아. 네가 나보다 백 배는 더 용감했어!

01 중간 자음은 생략하세요~

3개의 자음이 연이어 나오면 중간 자음은 발음하지 않아요.

영어에는 자음 3개가 연이어 나오는 단어가 많은데요, 예를 들어 ndh가 모여 있는 secondhand를 원어민은 어떻게 발음할까요? [쎄컨ㄷ핸ㄷ]라고 발음할 것 같지만 가운데 자음인 d를 생략하여 [쎄컨핸ㄷ]라고 발음한답니다. 모음 없이 자음만으로 이어진 단어는 발음하기가 쉽지 않아 가운데 자음을 생략하는 거예요. 그럼 본문 42쪽에서 중간 자음의 생략을 확인해 볼까요?

Besides, he (   ) he did it!

thinks 중간 자음 k를 과감하게 생략해서 [씽ㅅ]로 발음하세요.

02 성대를 울려야 제대로 된 z!

[z] 발음을 확실하게 하려면 성대를 울려야 해요.

까다로운 [z] 발음, 어떻게 해야 할까요? 정확한 [z] 발음을 위해서는 먼저 혀를 입천장에 닿을 정도로 가까이 두어야 합니다. 그 다음 혀의 중앙으로 공기를 내보내는데요, 이때 확실하게 성대를 울려서 [즈으으]하고 벌이 내는 소리를 만들면 된답니다. 까다롭게만 느껴졌던 [z] 발음, 이제 쉽게 할 수 있겠죠? 그럼 본문 45쪽에서 이런 예를 한번 살펴볼까요?

Tom said nothing. He felt (   ).

dizzy 이제부터 확실하게 성대를 울려서
[디지]하고 발음해 주세요.

...dizzy

03 입 모양을 미리 준비하세요~

첫소리 [r]을 발음할 때는 먼저 입 모양을 준비하세요.

‒ ‒

원어민은 첫소리 [r]을 발음할 때 [우]를 발음할 것처럼
입 모양을 준비한다는 사실, 알고 계신가요? red의 경우
[레드]가 아닌 [뤠드]로 발음되는 것은 미리 만들어 놓은
입 모양으로 인해 [우] 소리가 살짝 더해졌기 때문이에요.
이제부터 첫소리 [r]을 멋지게 발음하도록 미리 입 모양을
준비해 보세요. 그럼 이런 예를 본문 53쪽에서 함께 찾아
볼까요?

Men were searching the (　　　).

river 어때요? [리버]가 아니라
[뤼버]로 발음되었어요.

04 희망을 모아 호웁!

hope의 o는 확실하게 [오우]로 발음해 주세요.

희망을 말할 때, "호프!"라고 하는 것, 들어보셨죠? 그런데 그것이 잘못된 발음이라는 것도 알고 계신가요? hope의 o를 [오우]로 정확하게 발음하는 한국인은 많지 않아요. 이제부터 [오우]를 확실하게 발음해서 [호웁]이라고 해 보세요. 그럼 hoped는 어떻게 발음할까요? [홉트]가 아니라 [호웁트]로 발음해야 해요. 그럼 본문 89쪽에서 o의 소리 [오우]를 살펴봐요.

He (　　　) that someone might hear him.

hoped [호웁트]로 발음해야 원어민의 발음에 가까워진답니다.

1장 | **톰과 베키**

p.14~15 "톰!" 폴리 이모가 불렀다.

대답이 없다. 이모는 밖의 정원을 내다보았다.

"톰! 어디에 있는 거니?" 이모는 화가 나서 소리쳤다.

대답이 없다. 이모는 침대 아래로 막대기를 밀어 넣었다. 고양이가 큰 소리로 야옹하며 침대 아래에서 밖으로 뛰쳐나왔다.

그때 뒤에서 소리가 들렸다. 벽장에서 나오고 있던 톰이었다.

"아! 그러니까 거기에 숨어 있었구나! 그리고 얼굴에 온통 잼이 묻어 있네. 잼을 먹으면 안 된다고 말했잖아!" 이모가 말했다.

이모는 톰을 때리려고 막대기를 들어 올렸다.

"어! 뒤를 보세요, 이모!" 톰이 소리쳤다.

폴리 이모는 돌아섰고, 톰은 달아났다. 이모는 놀랐지만 그 다음엔 크게 웃었다.

"내가 또 속았네! 얘는 언제나 나를 속이고는 웃게 만든다니까." 이모는 한숨을 쉬며 말했다.

p.16~17 폴리 이모는 자신의 의무를 다해야 한다는 것을 알고 있었다. 톰은 죽은 여동생의 아들이었다. 만약 자신이 톰에게 벌을 주지 않는다면, 톰은 버릇없는 아이가 될 것이다. 이모는 잠시 동안 생각했다. 톰이 오늘 오후에 학교 수업을 빼먹을 것이라는 확신이 들었다. 이렇게 더운 날씨에 톰은 수영을 갈 것이다. 만약 그렇다면, 이모는 토요일에 톰이 울타리에 페인트칠을 하게 만들 것이다. 그건 톰에게 적절한 벌이 될 것이다.

그날 저녁, 톰은 폴리 이모, 남동생인 시드, 그리고 사촌 누나인 메리와 함께 저녁을 먹으러 앉았다.

"오늘 덥지 않았어? 수영하러 가고 싶었니, 톰?" 폴리 이모가 말했다.

"아뇨, 이모." 톰이 말했다.

톰은 이모가 무슨 생각을 하는지 알고 있었다.

"하지만 펌프로 물을 퍼 올려서 머리에 뿌렸어요. 아직 젖어 있네요." 톰은 재빨리 말했다.

폴리 이모는 톰이 수영하러 갔었다고 확신했다. 어떻게 증명할 수 있을까? 갑자기 이모는 방법을 알아냈다! 톰의 셔츠에는 칼라가 없었다. 그래서, 이모가 매일 셔츠에 깨끗한 칼라를 꿰매어 주었다. 그러고는 칼라의 앞을 실로 꿰매어 붙였다. 그게 단추처럼 칼라를 고정시켜 주었다. 만약 톰이 수영을 갔었다면 앞쪽 바늘땀을 뽑아서 풀었을 것이다.

"칼라를 보여 주렴, 톰." 이모가 말했다.

톰은 자기의 칼라를 보여 주었다. 칼라는 여전히 꿰매어 붙여져 있었다. 폴리 이모는 반은 미안하고, 반은 기뻤다.

"하지만 폴리 이모, 이모는 하얀색 실을 썼잖아요! 지금은 검정색인데요." 시드가 말했다.

"맞아!" 폴리 이모가 말했다.

톰은 이모의 화가 폭발하기 전에 방을 뛰쳐나갔다.

톰은 나가면서 말했다. "시드, 넌 죽었어!"

밖에서 톰은 윗옷 안에 있는 바늘 두 개를 살폈다. 하나는 흰색 실로, 다른 하나는 검은색 실로 꿰어져 있었다.

'이모가 매일 같은 색을 사용하면 좋을 텐데!' 톰은 생각했다.

p.18~19   토요일은 완벽한 여름날이었다. 공기는 상쾌하고 태양은 밝게 빛나고 있었다. 가엾은 톰은 흰색 페인트 한 통과 붓을 들고 보도 위에 섰다. 톰은 거대한 울타리를 슬프게 바라보았다. 울타리를 페인트칠하는 데 시간이 끝도 없이 걸릴 것 같았다. 톰은 절망적이었다.

그러다 톰은 벤 로저스가 다가오는 것을 보고 묘책이 떠올랐다. 벤이 사과를 먹으며 지나갈 때, 톰은 열정적으로 페인트칠을 하고 있었다.

"안녕, 톰. 왜 토요일에 일을 하고 있어?" 벤이 말했다.

"이건 일이 아니야. 좋아하는 일을 한다면 그건 일이 아니지." 톰이 말했다.

벤은 톰이 페인트칠하는 것을 바라보면서 잠시 생각했다. 페인트칠이 재미있어 보였다.

"내가 해 봐도 될까?" 벤이 물었다.

"안 돼. 폴리 이모가 허락을 안 하실 거야." 톰이 말했다.

"제발!" 벤이 간청했다.

"나도 그러고 싶어, 정말이야. 하지만 안 돼." 톰이 말했다.

"내 사과를 너한테 줄게" 벤이 말했다.

톰은 마지못해 벤에게 붓을 주었다. 하지만 몰래 기뻐하고 있었다. 톰의 속임수가 성공했던 것이다! 벤은 톰에게 사과를 주고 페인트칠을 시작했다.

p.20~21 톰은 배럴 통에 앉아서 사과를 맛있게 먹었다. 다른 소년들이 지나갔고 톰은 그들도 역시 속여 넘겼다. 벤이 지쳤을 때, 빌리 피셔가 나타났다. 빌리는 톰에게 연을 주고 페인트칠하기 시작했다. 그 다음에 조니 밀러가 톰과 죽은 쥐를 교환했다. 소년들이 더 왔다.

오후가 다 지날 때쯤 톰은 더 많은 보물을 가지고 있었다. 톰은 구슬 열두 개, 열쇠 한 개, 분필 한 자루, 양철 병정 한 개, 폭죽 여섯 개, 놋쇠 문 손잡이 한 개, 그리고 칼 손잡이 한 개를 얻었다.

울타리를 세 번이나 칠했고 페인트는 바닥이 났다. 톰은 중요한 것을 배웠다. 사람들은 얻기 어려운 것만을 원한다는 것이다!

p.22~23 톰은 집 안으로 들어갔다.

"이모, 이제 놀아도 되나요? 페인트칠을 마쳤어요." 톰이 말했다.

폴리 이모는 톰을 믿지 못해서 밖으로 나와서 보았다. 이모는 아름답게 페인트칠이 된 울타리를 보고 놀라면서도 기뻤다. 이모는 톰에게 사과를 주고 톰은 친구들과 놀러 뛰어갔다.

톰은 제프 대처네 집을 지날 때, 정원에 있는 한 소녀를 보았다. 소녀는 매우 예뻤다. 푸른 눈에 금발 머리를 땋은 모습이었다.

톰은 새로 온 소녀를 빤히 쳐다보다가 곧 여자 친구인 에이미 로렌스를 잊고 말았다. 하지만 소녀가 톰을 볼 때마다, 톰은 소녀를 안 보는 척했다. 톰은 소녀의 관심을 얻기 위해 뒤로 공중제비 넘기와 옆으로 재주넘기를 하기 시작했다.

소녀는 울타리 너머로 꽃을 던지고는 집 안으로 들어갔다. 톰은 기뻐서 가슴이 쿵쾅 쿵쾅 뛰었다. 톰은 꽃을 집어 들고 집으로 왔다.

p.24~25 일요일에 톰, 메리, 그리고 시드는 주일 학교에 갔다. 시드와 메리는 주일 학교를 좋아했지만, 톰은 싫어했다. 학생들은 성경 구절을 외워야만 했다. 이천 구절을 외우는 사람은 월터스 선생님으로부터 성경책을 한 권 받았다.

학생들은 두 구절을 외우면 파란색 표를 한 장 받았다. 파란색 표 열 장은 빨간색 표 한 장의 가치가 있었다. 빨간색 표 열 장은 노란색 표 한 장의 가치가 있었다. 그리고 노란색 표 열 장은 성경 한 권과 맞바꿀 수 있었다.

대부분의 학생들은 표를 많이 가지고 있었다. 톰은 별로 뛰어난 학생이 아니었고, 겨우 몇 장만을 가지고 있을 뿐이었다. 하지만 오늘은 톰이 울타리를 칠했던 친구들로부터 받은 새 보물을 많이 가지고 있었다. 톰은 보물을 표와 맞바꾸기 시작했다.

그래서 주일 학교가 시작될 때쯤 톰은 노란색 표 아홉 장, 빨간색 표 아홉 장, 그리고 파란색 표 열 장을 갖게 되었다. 그렇게 많이 가진 학생은 아무도 없었다.

p.26~27 그날 아침에는 대처 판사가 주일 학교 수업을 참관했다. 판사는 중요한 사람이었다. 월터스 선생님은 이 특별한 손님에게 우수한 학생들을 자랑하고 싶었다. 선생님은 그들 중 한 명에게 성경을 주고 싶었다.

하지만 톰이 앞으로 나서며 성경을 달라고 하자, 월터스 선생님은 매우 미심쩍었다. 선생님은 표를 세기 시작했다.

'이 표가 다 어디서 났지? 얘는 반에서 가장 형편없는 학생인데.' 선생님은 이상하다고 생각했다.

하지만 톰이 가진 표의 개수가 딱 맞았기 때문에 월터스 선생님은 톰에게 성경을 주어야만 했다. 판사는 톰이 성경을 받게 된 것을 축하했다.

"난 네가 예수의 열 두 제자의 이름을 모두 안다고 확신한다만. 처음 두 제자의 이름을 말해 보겠니?" 판사가 물었다.

톰은 얼굴이 붉어졌고 월터스 선생님의 가슴은 내려앉았다. 톰은 골똘히 생각했다. 성경에서 기억할 수 있는 이름은 단 두 개뿐이었다.

톰은 마침내 대답했다. "다윗과 골리앗이요."

대처 판사는 충격을 받은 듯 보였다. 월터스 선생님은 당황했고, 다른 학생들은 웃어 댔다. 톰을 제외한 모든 사람들은 다윗과 골리앗이 예수의 제자가 아니라는 것을 알고 있었다!

p.28~29 월요일이 되어 톰은 학교에 가야 했다. 톰은 학교에 가는 길에 허클베리 핀을 만났다. 허크는 마을 주정뱅이의 아들이었다. 아버지가 돌봐주지 않아서 허크는 자신이 알아서 살아야 했다.

허크는 해어지고 남들이 입던 헌 옷을 입었다. 허크는 날씨가 좋을 때는 현관 계단에서 잤다. 비가 올 때는 빈 배럴 통 안에서 잤다.

허크는 학교나 교회에 다니지 않았다. 씻거나 깨끗한 옷을 입을 필요도 없었다. 자기가 하고 싶을 때마다 수영이나 낚시를 했다.

마을의 엄마들은 허크가 게으르고, 무례하고, 나쁜 아이라고 생각했다. 사실, 마을의 어른들은 누구도 허크를 인정하지 않았다. 하지만 소년들은 허크의 자유를 부러워하고 허크를 좋아했다. 톰도 허크를 좋아했다.

톰과 허크는 그날 밤 공동묘지에 갈 계획을 세웠다. 그리고 나서 톰은 학교로 가던 길을 계속 갔다.

p.30~31 톰이 도착했을 때 수업은 이미 시작되고 있었다.

"톰 소여! 왜 또 늦었니?" 도빈스 선생님이 소리쳤다.

톰은 생각했다. '만약 허크 얘기를 하면 나한테 벌을 주실 테지.'

톰은 거짓말을 생각해 내려고 했다. 그때 톰은 금발 머리를 땋은 예쁜 소녀를 보았다! 그의 마음이 사랑으로 가득 찼다. 소녀의 옆 자리는 비어 있었다.

"허클베리 핀과 말하느라 시간이 걸렸습니다." 톰이 큰 소리로 말했다.

"뭐라고? 그 녀석과 말하느라 시간을 낭비했단 말이냐? 소녀 옆에 앉는 벌을 주마. 베키 대처 옆 자리에 앉아라!" 도빈스 선생님이 소리쳤다.

다른 소년들과 소녀들은 낄낄 웃었지만 톰은 기꺼이 베키의 옆 자리에 앉았다.

톰은 수업 내내 집중할 수가 없었다. 톰이 볼 때마다 베키는 고개를 돌려 버렸다. 그러다 선생님이 보지 않는 사이에 톰이 베키에게 쪽지를 건넸다. 베키는 그것을 읽고는 얼굴을 붉혔다. 톰이 '사랑해' 라고 썼던 것이다.

p.32~33 오전 수업이 끝나고 모두들 점심을 먹으러 집으로 갔다. 하지만 톰과 베키는 교실에 남았다.

"베키, 약혼하고 싶니?" 톰이 말했다.

"모르겠어. 그게 무슨 뜻인데?" 베키가 말했다.

"우선, 다른 남자는 사랑하지 않겠다고 약속을 해. 내가 쓴 말 기억하지?"

"사랑해." 베키가 속삭였다.

"맞아. 그 말을 한 다음 우리가 키스하는 거야." 톰이 말했다.

베키는 머뭇거렸지만 결국 톰의 귀에 대고 그 말을 속삭였다. 그러고 나서 둘이 키스했다.

톰이 말했다. "이제 우린 약혼한 거야. 에이미와 내가 약혼했을 때는…"

톰은 실수를 깨닫고 말을 멈췄다.

"아, 톰. 전에도 약혼한 적이 있는 거야?" 베키가 말했다.

"베키… 미안해. 하지만… 난… 지금은 널 사랑해…" 톰이 말했다.

베키는 두 손에 얼굴을 묻고 울기 시작했다. 톰은 어쩔 줄을 몰랐다. 그때 톰은 주머니에서 놋쇠 문 손잡이를 꺼냈다.

"베키, 이걸 받아 주지 않을래? 내가 제일 좋아하는 거야." 톰이 말했다.

베키는 톰의 손에서 그것을 쳐 내고는 계속해서 울었다. 톰은 자존심이 상했다. 톰은 교실에서 뛰쳐나가서 곧 멀리 사라졌다.

2장 | 공동묘지와 강도

p.36~37 그날 밤 톰은 시드가 잠들 때까지 기다렸다가 조용히 집 밖으로 나왔다. 허크는 길 끝에서 기다리고 있었다. 허크는 죽은 고양이를 들고 있었다.

"죽은 고양이를 무엇에 쓰려고?" 톰이 물었다.

허크가 대답했다. "사마귀를 치료하려고. 우린 나쁜 사람이 묻힌 무덤을 찾아야 해. 자정에 악마가 죽은 사람을 데리러 올 거야. 내가 악마한테 고양이를 던질 거야. 그 다음에 주문을 말할 거야. 악마는 시체를 따라가라. 고양이는 악마를 따라가라. 사마귀는 고양이를 따라가라! 그러면 내 사마귀는 사라질 거야."

"정말?" 톰이 말했다.

"물론이지! 자, 가자! 호스 윌리엄스의 무덤에서 할 거야. 진짜 나쁜 사람이었거든." 허크가 말했다.

둘은 공동묘지로 걸어 갔다. 어둡고 매우 조용했다. 때때로 바람이 나무 사이로 불며 유령 같은 소리를 냈다.

톰과 허크는 최근에 묻힌 호스 윌리엄스의 무덤에 다다랐다. 둘은 나무 뒤에 숨어서 악마가 오기를 기다렸다.

p.38~39 갑자기 무슨 소리가 들렸다.

"무슨 소리였지?" 톰이 속삭였다.

"쉿! 유령이 오고 있어!" 허크가 속삭이며 답했다.

"유령이 우릴 볼 수 있니?" 톰이 물었다.

"물론이지. 유령은 고양이처럼 어둠 속에서도 볼 수 있다구." 허크가 속삭였다.

두 아이는 두려움에 떨었다. 바로 그때, 둘은 세 개의 검은 물체를 보았다. 하나는 등을 들고 있었다.

"봐! 저들은 유령이 아니야! 저기 머프 포터가 있어. 평소와 다름없이 술에 취해 있네." 허크가 속삭였다.

"그리고 인디언 조가 있어." 톰이 말했다.

세 남자는 가까이 다가오더니 호스 윌리엄스의 무덤가에 멈췄다.

"여기 있네." 세 번째 남자의 목소리가 말했다.

"로빈슨 박사야!" 허크가 속삭였다.

세 남자는 삽으로 무덤을 파내기 시작했다.

"저 사람들이 뭘 하는 거야?" 톰이 속삭였다.

"무덤을 도굴하는 거야. 의사들은 가끔 시체로 실험을 하거든." 허크가 대답했다.

p.40~41 세 남자는 무덤에서 관을 끌어내서 열었다. 그들은 수레에 시체를 얹기 시작했다. 갑자기 포터가 칼을 꺼내서 의사에게 들이댔다.

"자, 의사 양반, 우리한테 5달러 더 주시오!" 포터가 말했다.

"하지만 이미 지불했잖소." 로빈슨 박사가 말했다.

"5달러 더 달라니까!" 인디언 조가 협박했다.

조는 의사에게 바짝 다가섰고, 로빈슨 박사는 조를 쳤다. 인디언 조는 땅에 쓰러졌다. 이제 포터가 로빈슨 박사와 싸우기 시작했다. 의사가 포터의 머리를 치자 포터는 정신을 잃고 쓰러졌다. 포터의 칼이 땅에 떨어졌다.

그러자 인디언 조가 포터의 칼을 집어 들고 로빈슨 박사를 찔렀다. 박사는 바로 땅에 쓰러졌다. 인디언 조는 칼을 포터의 손에 쥐어 주었다.

5분 후 포터가 깨어났다. 포터는 자기 옆에 누워 있는 박사를 보았다. 그는 자기 손에 있는 칼을 힐끗 보더니 떨어뜨렸다.

"어떻게 된 일이지?" 포터가 물었다.

"당신이 박사를 죽였어." 인디언 조가 말했다.

"뭐라고? 난 안 그랬어!" 포터가 말했다.

"분명 네가 죽었어!" 조가 차갑게 말했다.

포터가 말했다. "난… 난 기억이 안 나. 아직도 취한 것 같아. 어떻게 된 일이지?"

"그러니까 당신 둘이 싸우고 있었는데. 박사가 당신을 쳐서 쓰러뜨렸어. 그 다음에 당신이 일어나서는 칼로 박사를 죽였어." 인디언 조가 말했다.

"아, 안 돼. 어떻게 내가? 난 한 번도 사람을 해친 적이 없어. 조, 아무한테도 말하지 말아 줘. 제발…" 포터가 외쳤다.

"아무한테도 말하지 않을게. 이제 당신은 저쪽으로, 난 다른 쪽으로 달려 가는 거야." 인디언 조가 말했다.

포터는 달아났다. 인디언 조는 포터가 도망가는 것을 바라보았다.

인디언 조가 말했다. "술에 취해서 칼을 잊었군. 누군가 칼을 찾아내서 포터가 살인을 한 범인이라고 하겠지. 그리고 포터도 자기가 했다고 믿고 있고. 정말 바보지!"

인디언 조는 가버렸다.

p.42~43 허크와 톰은 공포에 질려 서로를 쳐다보았다. 그러고 나서 있는 힘껏 달렸다. 둘은 버려진 집에 다다를 때까지 달렸다.

"허크, 어떻게 될 거라고 생각하니?" 톰이 말했다.

"만약 로빈슨 박사가 죽은 거면, 사람들이 인디언 조와 포터를 교수형에 처할 거야." 허크가 말했다.

"우리가 말해야 할까?" 톰이 말했다.

"안 돼! 인디언 조가 도망치면 어떻게 해? 우릴 쫓아 올 거야. 머프 포터가 말하도록 두자." 허크가 말했다.

"그렇지만 포터는 맞아서 정신을 잃었잖아. 게다가 포터는 자기가 죽인 줄로 알고 있어." 톰이 말했다.

"맞아." 허크도 같은 생각이었다.

"허크, 우리가 이걸 비밀로 해도 될까?" 톰이 말했다.

"응. 아무 말도 안 하기로 맹세하자." 허크가 말했다.

"좋아, 허크. 손을 맞잡고 맹세하자." 톰이 말했다.

"아냐. 글로 써서 맹세하자. 피로 서명하는 거야." 허크가 말했다.

톰은 바닥에서 나무 판자를 하나 주워 들었다. 톰은 주머니에서 빨강색 분필 한 자루를 꺼내서 썼다.

허클베리 핀과 토마스 소여는 오늘 밤 본 것에 대해서 아무 말도 하지 않기로 맹세한다.

두 소년은 톰의 윗옷에서 꺼낸 바늘로 손가락을 찔렀다. 둘은 이름의 첫 글자들을 피로 써서 서명했다. 그 다음에 나무 판자를 묻고 집으로 갔다.

p.44~45 정오쯤에 마을 전체가 살인 사건에 대해서 듣게 되었다. 인디언 조는 보안 관에게 머프 포터가 로빈슨 박사를 죽였다고 말했다. 포터의 칼이 의사의 시체 옆에서 발견되었다. 곧 포터가 체포되었다.

허크와 톰은 인디언 조가 무척 두려웠다. 일주일 동안 톰은 잠들기가 어려웠다. 끔 찍한 살인에 대해 꿈을 꾸었다. 톰은 잠꼬대도 했는데, 시드가 톰의 잠꼬대를 들었다.

어느 날 아침 시드가 말했다. "톰, 어젯밤에 또 잠꼬대했어. '피다! 피다!' 그러고 는 아무한테도 말 안 하겠다고 하더라. 그게 무슨 뜻이야?"

톰은 말이 없었다. 어지러웠다. 비밀을 털어놔야 하는 것을 알고 있었지만 할 수가 없었다.

폴리 이모가 말했다. "아, 가엾은 톰! 그 끔찍한 살인 사건 때문이로구나. 나도 그런 꿈을 계속 꾸고 있단다."

이모는 톰을 위로하려고 했지만 별로 도움이 되지 않았다.

p.46~47 며칠 뒤 베키는 아파서 학교에 오지 않았다. 톰은 불행했다. 그는 매일 교문에서 베키를 기다렸다.

'베키가 오늘은 올까?' 톰은 궁금했다.

가끔 톰은 어떤 소녀를 보고는 베키라고 생각했다. 하지만 베키가 아니면 화가 났다.

어느 날 베키가 학교로 돌아왔다. 톰은 곧 다시 예전 처럼 장난을 쳤다. 기뻐서 울타리를 뛰어 넘었다. 그러고 나서 물구나무서고 뒤로 공중제비를 넘었다. 하지만 베키는 여 전히 톰에게 화가 나있었다.

"어떤 사람들은 항상 과시하고 싶어한다니까." 베키가 친구들에게 말했다.

톰은 무안했다. 톰은 베키가 자신과 대화해 주길 바랬지만 베키는 톰을 무시했다.

톰은 생각했다. '에이미에 대해서 말하지 말았어야 했는데.'

p.50~51 마음이 상한 채로 톰은 학교를 빼먹고 오랜 친구인 조 하퍼를 만났다. 조가 크림을 먹었다며 조의 엄마가 조를 때렸다. 그래서 조는 집에서 도망쳐 나왔다. 두 아이는 불행했기 때문에 마을을 떠나서 해적이 되기로 결심했다.

둘은 허크를 찾아가서 함께하자고 부탁했다.

"좋아. 그런데 어디에서 살지?" 허크가 말했다.

"잭슨 섬에서." 조가 말했다.

소년들은 모두 잭슨 섬에 대해서 알고 있었다. 잭슨 섬은 미시시피 강변에 있는 섬으로 마을에서 몇 마일 떨어진 곳에 있었다. 그곳에는 아무도 살지 않았다.

"좋아. 자정에 강둑에서 만나자. 작은 뗏목이 항상 그곳에 매어져 있어. 그걸 이용하면 돼." 톰이 말했다.

세 아이는 계획대로 자정에 만났다. 각자 음식과 낚싯바늘, 낚싯줄을 가져왔다. 아이들은 배에 타고는 마치 해적인양 잭슨 섬으로 노를 저었다.

섬에 도착해서 아이들은 숲으로 들어갔다. 큰 나무 아래에 캠핑하기 좋은 자리를 찾아서 모닥불을 지폈다. 곧 모두들 깊이 잠들었다.

p.52~53 다음날 아침 어린 해적들은 일찍 일어나 수영하러 갔다. 그리고 나서 물고기 여섯 마리를 잡아서 불에 요리해 먹었다.

"내가 먹어 본 아침 식사 중에서 최고야." 톰이 말했다.

"나도 그래." 조가 말했다.

아이들은 하루 종일 섬을 탐험했고 매 시간 수영을 했다. 오후에는 강에서 연락선과 여러 척의 작은 배를 보았다. 남자들이 강을 수색하고 있었다.

"뭘 하는 거지?" 조가 물었다.

"누군가 물에 빠져 죽어서 그 사람을 찾고 있는 거야." 허크가 말했다.

톰이 외쳤다. "누군지 알겠다! 우리를 찾고 있는 거야! 우리가 물에 빠져 죽었다고 생각하는 거야!"

아이들은 캠프로 돌아갔다. 아이들은 마을에 있는 모든 사람들이 자기들을 얼마나 그리워하고 안쓰럽게 생각하는지에 대해 흥분하며 말했다.

하지만 어두워질수록 점점 말이 없어졌다. 톰과 조는 집으로 가고 싶었지만 인정하려 하지는 않았다.

p.54~55   허크와 조가 잠들자, 톰은 강둑으로 가서 뗏목을 탔다. 육지로 노를 저어 갔다. 톰은 집으로 달려가서 창문을 통해 안을 들여다 보았다. 폴리 이모와 조의 엄마, 메리, 시드가 있었다. 톰은 조용히 폴리 이모의 침실로 들어가서 숨었다. 아무도 톰을 보지 못했다.

폴리 이모가 하는 말이 들렸다. "가엾은 톰. 늘 말썽꾸러기였지만 결코 나쁜 아이는 아니었어요."

이모는 흐느끼기 시작했다. 메리는 폴리 이모를 팔로 감싸 안고는 울었다. 시드도 울고 있었다.

"조도 마찬가지였어요. 그리고 저는 다시는 조를 보지 못할 거예요." 하퍼 부인은 울었다.

톰은 눈에 눈물을 글썽이며 들었다. 아이들을 찾지 못하면 일요일에 장례식이 거행 된다는 말을 들었다. 톰은 폴리 이모의 품 안으로 뛰어들고 싶었지만 그러지 못했다.

조의 엄마가 집으로 돌아간 후 메리와 시드는 잠자리에 들었다. 폴리 이모는 울다가 지쳐 잠들었다. 이모는 때때로 잠결에 신음 소리를 냈다.

톰은 숨은 곳에서 살그머니 나와서 폴리 이모의 침대 곁으로 갔다. 이모가 측은하게 느껴졌다. 톰은 이모의 볼에 가볍게 키스하고는 조용히 집을 떠났다.

p.56~57   톰은 해가 떠오를 때 캠프에 도착했다.

"어디 갔었어?" 허크와 조가 물었다.

"집에 다녀 왔어." 톰이 말했다.

톰은 보고 들은 모든 것을 말해 주었다. 허크와 조는 주의 깊게 들었다.

"난 집에 가고 싶어." 조가 말했다.

"나도!" 허크가 말했다.

"아직은 안 돼. 나한테 계획이 있어. 들어 봐, 일요일 아침에 우리가…" 톰이 말했다.

조와 허크는 톰의 계획을 듣고는 신나서 웃었다.

"그거 좋은 생각이다. 이제, 인디언 놀이를 하자." 조가 말했다.

아이들은 해변가로 가서 진흙으로 몸을 칠했다. 적군 인디언인 것처럼 서로를 공격하며 재미있게 놀았다.

배가 고파지자 물고기를 잡아서 불에 구웠다. 아이들은 다음 며칠 동안을 즐겁게 보냈다.

p.58~59 일요일에 마을 사람들 모두가 교회에 모였다. 모두들 울고 있었다. 사람들은 슬픈 찬송가를 불렀다. 그 다음에 목사는 세 아이들의 삶에 대해서 이야기 했다. 목사는 아이들에 대해서 좋은 이야기를 해 주었다.

갑자기 교회의 뒷문이 열렸다. 목사는 쳐다보고는 말을 멈췄다. 모두들 돌아봤고 깜짝 놀라 말없이 바라보았다. 죽은 세 아이가 교회 안으로 걸어 들어왔던 것이다!

폴리 이모와 하퍼 부인은 즉시 자신의 아이에게 달려갔다. 이모와 부인은 아이들을 끌어안고 키스했다. 허크는 무안해하며 곁에 서 있었다. 허크가 가 버리려고 하자 톰은 허크를 붙잡았다.

"폴리 이모. 누군가 하나라도 허크를 보고 기뻐해야죠." 톰이 말했다.

"그래. 허크를 보니 무척 기쁘구나." 폴리 이모가 말했다.

이모는 허크를 끌어안고 키스해 주었다. 허크는 매우 불편했다.

목사가 소리쳤다. "하느님을 찬양하라! 노래합시다!"

교회에 있던 모든 사람들은 크고 즐겁게 노래했다.

장례식에 돌아오기로 한 것은 톰의 계획이었다. 그리고 그 계획은 대성공이었다!

p.60~61 월요일에 톰은 학교에 갔다. 톰은 베키를 모르는 체하고 에이미하고만 시간을 보냈다. 베키는 질투로 울면서 달아났다.

잠시 후 톰은 베키가 앨프레드 템플과 함께 있는 것을 발견했다. 둘은 함께 그림책을 보며 웃고 있었다. 톰은 너무 질투가 나서 발끈하여 뛰어가 버렸다.

톰이 점심을 먹으러 집에 가자, 베키는 앨프레드에 대한 흥미를 잃었다. 앨프레드는 베키에게 그림을 더 보여주려고 했지만 베키는 가 버리라고 말했다. 베키가 밖으로 나가자 앨프레드가 따라갔다.

"귀찮게 하지 마!" 베키가 화가 나서 소리쳤다.

앨프레드는 슬프고 분했다.

'톰을 질투 나게 하려고 베키가 날 이용한 거야. 톰에게 갚아 주고 말겠어.' 앨프레드는 생각했다.

앨프레드는 교실로 들어갔다. 톰의 책상에서 철자 책을 찾아냈다. 그리고는 앨프레드는 여러 쪽에다 잉크를 부었다. 베키는 창문을 통해 그것을 보았다.

베키는 생각했다. '톰에게 말해야 돼. 도빈스 선생님이 톰의 철자 책이 잘못된 걸 아시면 톰을 때릴 거야. 하지만… 아냐, 말하지 않을래. 톰은 벌을 받아도 싸.'

나중에 베키는 교실로 들어왔다. 아무도 없었다. 그때 베키는 도빈스 선생님의 책상 자물쇠에 꽂힌 열쇠를 보았다. 선생님은 거기에 특별한 책을 보관했다. 선생님은 매일 학생들이 공부로 바쁠 때마다 그 책을 읽었다.

베키는 서랍을 열고 책을 꺼냈다. 베키가 첫 장을 넘겼다. 바로 그때 톰이 교실로 들어왔다. 베키가 재빨리 책을 덮으려다 책에 있는 그림이 반으로 찢어졌다.

베키가 소리쳤다. "톰! 놀랐잖아. 이것 때문에 도빈스 선생님이 나를 벌주실 거야."

"글쎄, 선생님께는 말하지 않을게." 톰이 말했다.

하지만 도빈스 선생님이 곧 알아내리라는 것을 톰은 알고 있었다.

p.62~63 수업이 시작되자 도빈스 선생님은 톰의 철자 책이 엉망이 된 것을 보았다. 선생님은 회초리로 톰을 때렸다. 베키는 사실을 말하고 싶었다. 하지만 아무 말도 하지 않았다.

잠시 후 도빈스 선생님은 책상 서랍을 열고 자신의 특별한 책을 꺼냈다. 선생님의 얼굴이 분노로 붉어졌다.

"누가 이걸 찢었지?" 도빈스 선생님이 말했다.

침묵이 흘렀다. 도빈스 선생님은 학생 한 명 한 명에게 물어보기 시작했다. 선생님은 소년들부터 시작했다. 곧 선생님은 소녀들에게 왔다.

"에이미 로렌스, 네가 찢었니?" 선생님이 말했다.

"아닙니다, 선생님!" 에이미가 말했다.

"베키 대처, 네가 찢었니?" 선생님이 말했다.

톰은 베키의 얼굴이 공포로 하얗게 변하는 것을 보았다. 톰은 베키를 구해야 했다!

"제가 그랬어요!" 톰이 소리쳤다.

톰은 베키의 눈 속에 담긴 놀라움과 사랑을 보았다.

수업이 끝난 후에 베키는 톰을 기다리고 있었다. 베키는 앨프레드가 한 일을 톰에게 말했다. 톰은 베키가 사실대로 말하지 않은 것을 용서하고 둘은 화해했다.

그날 밤 톰은 베키의 마지막 말을 기억하며 잠이 들었다.

"톰, 넌 너무나 훌륭해!"

4장 | 포터의 재판과 보물찾기

p.68~69 여름 방학이 시작되었고 베키는 멀리 휴가를 떠났다. 톰은 홍역에 걸려 무척 앓았다. 열도 났고 살인 사건에 대해서 잠꼬대도 했다.

3주가 지난 후 톰은 몸이 나아졌고 머프 포터의 재판이 시작되려는 참이었다. 톰은 허크와 얘기하러 갔다.

"허크, 누구한테 말했니?" 톰이 말했다.

"절대 아니지! 우리가 말하면 인디언 조가 우리를 죽일 거야." 허크가 말했다.

"나도 알아. 포터를 교수형에 처할 거 같아. 아저씨가 안쓰러워." 톰이 말했다.

"나도 그래! 항상 나한테 잘 대해 주었는데. 내가 배가 고플 때는 가끔 나한테 먹을 것을 주기도 했어." 허크가 슬프게 말했다.

"나한테도 친절하게 대해 주었어. 우리가 아저씨를 도와줄 수 있으면 좋을 텐데." 톰이 말했다.

p.70~71 재판이 시작되자 톰과 허크는 매일 재판소에 갔다. 어떤 목격자는 포터가 강에서 씻는 것을 보았다. 다른 목격자는 죽은 박사 옆에서 포터의 칼을 발견했다.

포터의 변호사는 목격자들에게 어떤 질문도 하지 않았다. 마치 그가 포터를 구하려고 애쓰지 않는 것처럼 보였다. 하지만 그때 변호사는 심문을 듣고 있던 대처 판사에게 말했다.

"재판장님, 토마스 소여를 부르겠습니다." 변호사가 말했다.

모두들 놀랐다. 포터가 그 중 가장 놀랐다. 톰은 증인석으로 걸어갔다. 무척 무서웠지만 진실을 말하겠다고 약속했다. 톰은 재판이 시작되기 전에 몰래 포터의 변호사를 만나서 살인 사건에 대해 말했던 것이다.

"토마스 소여, 6월 17일 밤에 어디에 있었지요?" 변호사가 물었다.

톰은 사람들 속에서 인디언 조의 얼굴을 보았다. 잠시 동안, 톰은 말을 할 수 없었다.

"공동묘지에 있었어요." 마침내 톰이 말했다.

인디언 조는 얼굴에 묘한 미소를 띠며 톰을 바라보았다.

변호사는 계속 물었다. "호스 윌리엄스의 무덤 가까이에 숨어 있었습니까?"

"네." 톰이 대답했다.

"혼자였습니까?" 변호사가 물었다.

톰은 머뭇거렸다.

변호사가 말했다. "대답하지 마십시오. 필요하다면 다른 증인을 부르겠습니다. 무언가를 가지고 있었습니까?"

"죽은 고양이요." 톰이 말했다.

모두들 웃었다.

p.72~73 "자, 톰, 그날 밤 일어난 일을 우리에게 말해 주세요. 두려워하지 말고." 변호사가 말했다.

톰은 자신이 보았던 것을 말하기 시작했다. 모든 사람들이 숨을 죽이고 들었다.

톰이 계속했다. "그 다음에 인디언 조가 칼을 쥐고는…"

쾅! 인디언 조는 사람들을 뚫고 달려가 창문 밖으로 뛰어내렸다!

포터는 곧 풀려났고 톰은 영웅이 되었다. 매일 포터는 톰에게 감사를 전했고, 그로 인해 톰은 기뻤다. 하지만 매일 밤 톰은 두려움으로 가득 차 인디언 조의 꿈을 꾸었다. 허크도 인디언 조가 자기에 대해서도 알아낼까 봐 걱정이 되었다. 대처 판사는 인디언 조를 잡는데 현상금을 걸었다. 조는 잡히지 않았고 수색은 계속되었다.

p.74~75 시간이 흐를수록 두 아이는 점점 두려움이 희미해졌다. 둘은 새로운 모험을 계획하기 시작했다.

어느 날 톰이 말했다. "땅에 묻혀 있는 보물을 찾아내자."

"좋은 생각이야. 그런데 어디에서 묻혀 있는 보물을 찾지?" 허크가 말했다.

"음. 강도는 주로 죽은 고목 아래나 유령이 나오는 집에 보물을 묻어." 톰이 말했다.

"왜 그것을 쓰지 않아?" 허크가 말했다.

"가끔은 쓰지. 하지만 주로 그냥 잊어버리거나 죽어. 그럼 오래

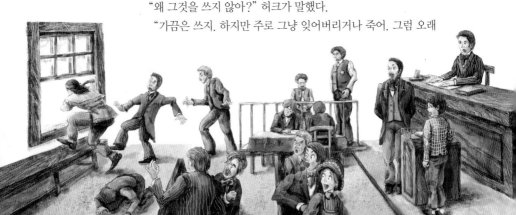

된 지도를 가진 사람이 보물을 찾는 거지." 톰이 대답했다.

"넌 오래된 지도를 가지고 있어?" 허크가 말했다.

"아니. 그냥 죽은 고목 아래나 유령이 나오는 집 안을 찾아보자." 톰이 말했다.

둘은 카디프 힐 근처에 있는 죽은 고목 아래에서 보물찾기를 시작하기로 했다.

그날 밤 톰과 허크는 죽은 고목이 있는 곳으로 갔다. 둘은 삽과 곡괭이로 땅을 파기 시작했다. 구멍은 점점 깊어졌지만 아무것도 찾지 못했다.

"여기엔 보물이 없다. 계곡에 있는 유령이 나오는 집에서 해보자." 톰이 말했다.

"톰, 유령이 나오는 집은 싫은데. 유령은 어쩌고?" 허크가 말했다.

"유령은 밤에만 나와. 우리가 낮에 간다면 괜찮을 거야." 톰이 말했다.

다음날, 허크와 톰은 유령이 나오는 집에서 만났다. 둘은 안으로 들어갔다. 바닥은 흙으로 되어 있고 계단은 망가져 있었다. 사방에 거미줄이 쳐져 있었다. 톰과 허크는 조용히 집 안을 걸어 보았다. 그러다 위층으로 올라갔다. 거기에는
아무것도 없었다.

p.76~77   갑자기 무슨 소리가 들렸다!

"쉿! 숨자. 누가 오고 있어!" 톰이 말했다.

둘은 위층 바닥에 엎드렸다. 구멍을 통해 방을 내려
다 보았다.

두 남자가 안으로 들어왔다. 톰과 허크는 그 중 한 남
자를 알아봤다. 그 사람은 늙은 스페인 사람이었다. 흰 머리
에 희고 긴 수염을 하고 항상 짙은 색 안경을 끼고 있었다. 그 사
람은 마을에서 지낸 지 몇 주 되었다. 여관에서 머물면서 아무에게도 말하지 않았다.

다른 한 사람이 먼저 말했다.

"그 다른 일은 너무 위험해."

"위험하다고? 그렇지 않아!" 스페인 사람이 말했다.

톰과 허크는 스페인 사람의 목소리를 알아챘다. 변장을 하고 있는 인디언 조였다.

"자, 훔친 돈을 어떻게 하지?" 인디언 조가 말했다.

"당분간은 여기에 묻어 두자." 조의 동료가 말했다.

톰과 허크는 이 말을 듣고 무척 신이 났다.

'보물이다!' 둘은 생각했다.

p.78~79   인디언 조와 그의 동료는 땅을 파기 시작했다.

"뭔가에 부딪혔어." 인디언 조가 말했다.

조는 계속해서 땅을 팠다. 곧 낡은 나무 상자가 보였다. 인디언 조는 땅 파는 것을 멈추고 상자를 열었다.

"이봐, 돈이야!" 인디언 조가 금화 몇 개를 움켜쥐며 말했다.

"수천 달러는 되겠어! 이제 그 다른 일을 할 필요가 없겠군." 조의 동료가 말했다.

"그래도 할 거야. 돈 때문이 아니야. 복수를 하려는 거야!" 인디언 조가 말했다.

"글쎄, 이 금화는 어떻게 하지?" 조의 동료가 말했다.

"십자가 아래에 있는 우리 은신처에 전부 묻어 두자." 인디언 조가 말했다.

조와 그의 동료는 무거운 상자를 들고 가버렸다. 두 아이의 기쁨은 실망으로 변하고 말았다.

"허크, 우린 보물을 찾아야 해. 십자가 아래라… 그게 어디일까?" 톰이 말했다.

"나도 모르겠어. 어떻게 하지?" 허크가 말했다.

"그 장소를 찾을 때까지 매일 밤 만나서 인디언 조를 미행하자." 톰이 말했다.

"좋은 생각이야!" 허크가 말했다.

둘은 잠시 동안 기다렸다가 마을로 돌아왔다. 하지만 톰은 집으로 걸어가면서 무척 겁이 났다. 인디언 조가 자신에게 복수를 한다는 말이었을까?

5장 | 동굴에서의 탈출과 보물의 발견

p.82~83 베키는 자신의 생일에 맞춰 마을로 돌아왔다. 토요일 아침에 마을의 아이들은 특별한 파티를 위해 베키네 집에 모였다. 베키의 부모님이 연락선을 빌려 놓았다. 그리고 아이들을 돌볼 사람들도 몇 명 고용해 놓았다.

"오늘 밤 네가 늦어질 테니, 연락선 선착장 근처에 사는 아이들 중 하나와 같이 자거라." 대처 부인이 베키에게 말했다.

"수지 하퍼네 있을게요." 베키가 말했다.

"좋아. 얌전하게 굴어야 한다." 베키의 엄마가 말했다.

모두들 연락선에 타면서 무척 신이 났다. 아이들은 마을에서 3마일 떨어진 곳에 상륙했다. 그 다음에 맛있는 점심을 먹었다. 톰은 거의 베키와 함께 시간을 보냈다. 그날 밤 허크를 만나기로 되어 있다는 것을 곧 까먹어 버렸다.

아이들은 게임을 하고 몇몇 소년들은 수영을 하러 갔다. 그 다음에 모두 맥두걸 동굴로 걸어갔다. 각자 촛불 하나씩을 들고 터널을 탐험하기 시작했다.

곧 연락선의 종소리가 들렸다. 점점 어두워져서 집에 갈 시간이 되었던 것이다.

p.84~85 그러는 동안, 허크는 톰을 기다리고 있었다. 허크가 인디언 조와 그의 동료를 본 것은 늦은 밤이었다. 그들은 여관에서 나오고 있었다. 허크는 그들을 따라갔다. 조와 그의 동료는 더글라스 부인의 집에서 몇 야드 떨어진 곳에서 멈추었다.

인디언 조가 말했다. "더글라스 판사는 나를 여러 번 감옥에 가두었지. 이제 판사가 죽었으니 그 부인에게 복수를 해야겠어!"

허크는 충격을 받았다. 그는 언덕을 달려 내려가 웨일스 사람의 오두막집으로 갔다.

"도와주세요!" 허크가 외쳤다.

"무슨 일이니, 허클베리?" 웨일스 사람이 말했다.

"인디언 조예요… 더글라스 부인을 해치려고 해요." 허크가 말했다.

웨일스 사람은 아들들과 함께 총을 집어 들고 더글라스 부인의 집으로 달려갔다. 허크는 무서워서 벌벌 떨며 뒤에 남았다. 곧 총소리가 들렸다.

웨일스 사람이 돌아왔을 때 허크가 물었다. "어떻게 되었어요? 잡았어요?"

"아니. 도망갔어. 하지만 더글라스 부인은 무사하단다. 네가 부인의 목숨을 구한 거야. 참으로 용감한 아이로구나!" 웨일스 사람이 말했다.

p.86~87 다음날은 일요일이었고 마을 사람들은 교회로 모였다. 예배 전에 사람들은 인디언 조와 더글라스 부인에 대해 얘기했다. 범인들은 아직 잡히지 않고 있었다.

예배 후에 대처 부인은 하퍼 부인에게 얘기하러 갔다.

"베키는 어디 있어요?" 대처 부인이 물었다.

"베키요?" 하퍼 부인이 말했다.

"네. 지난밤에 베키가 부인과 수지랑 있지 않았나요?" 대처 부인이 초조하게 말했다.

"아니에요." 하퍼 부인이 말했다.

대처 부인은 얼굴이 창백해졌다. 바로 그때, 폴리 이모가 걸어왔다.

이모가 말했다. "안녕하세요? 우리 톰이 안 보이네요. 톰이 어젯밤에 두 분 중 누구 집에 있었나요?"

대처 부인은 더욱 더 창백해지더니 기절했다.

실종된 아이들에 대한 소문은 빠르게 퍼졌다. 동네 사람들이 모두 실종된 아이들을 찾으려고 모였다. 동굴과 여러 터널을 3일 동안이나 수색했다. 그러다 누군가 베키의 리본을 찾아냈다.

"베키에게서 남은 것은 이것뿐이란 말인가?" 대처 부인이 소리쳤다.

p.88~89 첫째 날 톰과 베키는 다른 아이들과 떨어졌다. 둘이 동굴 속으로 너무 깊이 들어가서 연락선 종소리를 듣지 못했다. 그러다가 박쥐에 놀라서 터널 속으로 달려 들어 갔다.

곧 둘은 완전히 길을 잃고 말았다. 톰은 소리쳤다. 누군가 그 소리를 듣기를 바랬다. 톰의 목소리는 터널 속에서 메아리가 되어 이상하게 들렸다.

나중에 촛불마저 꺼지고 둘은 칠흑 같은 어둠 속에 갇혔다. 베키는 무서워서 흐느꼈다. 톰은 베키를 위로하려고 살며시 팔로 감싸 안았다.

다음날이 되자 둘다 배가 고프고 무서웠다. 그러다가 톰이 주머니에서 연줄을 발견했다.

"걱정마, 베키. 내가 나가는 길을 찾아낼 거야." 톰이 말했다.

톰은 바위에 줄을 묶었다. 그 다음에 벽에 한 손을 대고 걷기 시작했다. 곧 톰은 앞쪽에서 촛불을 보았다. 톰은 기뻐서 소리쳤다! 그러다 그는 얼어붙었다. 인디언 조였던 것이다!

'날 보면 어쩌지?' 톰은 생각했다.

갑자기 인디언 조가 달아나기 시작했다. 그는 톰의 목소리가 동굴에 메아리치자 겁을 먹었던 것이다. 톰은 계속해서 나가는 길을 찾아다녔다.

p.90~91 화요일 저녁에 교회의 종이 울렸다!

"아이들을 찾았다!" 마을 사람들이 소리쳤다.

모두들 실종됐던 아이들이 집에 온 것을 환영하러 모였다. 톰은 자신이 어떻게 터널을 수색했는지 말했다.

"제가 연줄 끝에 다다랐지요. 그때 빛을 봤어요! 밖을 내다봤더니 미시시피 강이 보였어요!" 톰이 말했다.

톰과 베키는 3일 밤낮을 동굴에서 보냈기 때문에 지쳐있었다. 둘은 며칠 동안 누워있어야 했다.

2주 후에 톰은 길에서 대처 판사를 만났다.

"톰, 동굴에 큰 철문을 달

았단다. 다시는 누구도 거기서 길을 잃어버리지 않겠지." 판사가 말했다.

"하지만 인디언 조가 거기에 있어요!" 톰이 말했다.

마을의 남자들은 모두 동굴로 갔다. 문을 열었을 때 그곳에 인디언 조가 누워 있었다. 그는 굶어 죽었던 것이다.

p.92~93 다음날 톰은 허크를 보러 갔다.

"허크, 인디언 조의 보물이 동굴에 있어." 톰이 말했다.

"어떻게 알아?" 허크가 말했다.

"따라오기만 해, 그럼 알게 될 거야." 톰이 말했다.

둘은 삽 하나, 자루 둘, 그리고 양초 하나를 챙겼다. 배를 타고 동굴로 노를 저었다. 둘은 입구 가까이에 연줄을 매고 안으로 들어갔다. 곧 둘은 거대한 바위를 찾아냈다.

"허크, 저 바위를 봐. 뭔가 탄 자국이 있어." 톰이 소리쳤다.

"톰, 십자가야!" 허크가 외쳤다.

"인디언 조가 저 근처에서 초를 들고 있는 걸 봤어." 톰이 말했다.

둘은 십자가 아래를 파기 시작했다. 판자 바닥이 나와서 옆으로 끌어냈다. 그 뒤에는 넓은 구멍이 있었다. 톰은 초를 안으로 넣었고 조그만 땅굴이 보였다. 총 몇 자루가 구석에 있고 보물 상자가 있었다!

둘은 안으로 들어가서 열어 보았다. 상자는 금화로 가득했다.

"톰, 우린 부자야!" 허크가 말했다.

"너무 좋아서 믿어지지가 않아!" 톰이 소리쳤다.

"보물을 더글라스 부인의 창고에 숨기자." 허크가 말했다.

둘은 보물을 자루에 담고 배로 가져갔다.

p.94~95 보물을 숨긴 후에 둘은 더글라스 부인의 집으로 갔다. 그곳에 마을 사람들이 많이 있는 것을 알고 둘은 놀랐다. 사람들은 톰과 허크를 기다리고 있었다.

늙은 웨일스 사람이 일어나서 말했다. 그는 허크가 더글라스 부인을 위해 했던 일에 대해 말했다. 그 다음에 더글라스 부인은 자신이 허크를 돌봐주고 싶다고 말했다.

"허크는 학교에 갈 것이고 다시는 절대로 가난하지 않을 거예요." 부인이 말했다.

"허크는 가난하지 않아요! 부자예요!" 톰이 외쳤다.

모두들 웃었다. 톰은 방에서 나가서 금화가 든 무거운 자루를 들고 돌아왔다.

"반은 허크 것이고 반은 제 것이에요!" 톰이 말했다.

잠시 동안 아무도 말하지 않았다. 그러다가 모두들 한꺼번에 물어보기 시작했다.

톰은 자신과 허크가 어떻게 보물을 발견했는지를 설명했다.

톰이 마침내 말을 마치자 대처 판사가 돈을 셌다. 만 이천 달러가 넘는 돈이었다. 판사는 두 아이가 돈을 은행에 저금해야 한다고 말했다. 톰과 허크는 동의했다. 그리고 둘은 매주 용돈으로 1달러씩 받기로 했다.

p.96~97 허크는 더글라스 부인과 지냈다. 그는 단정한 옷을 입고, 규칙적으로 씻고, 교회와 학교에도 다녔다.

3주 후에 허크는 도망쳐 버렸다. 톰은 허크가 잠을 자곤 했던 낡은 집으로 갔다. 허크는 거기에 있었다.

허크가 말했다. "톰, 더글라스 부인은 나한테 잘해 주지만 난 그런 생활이 싫어. 야. 땅굴에 그 총도 있잖아. 우리 강도가 되자!"

톰은 기회를 포착했다.

톰이 말했다. "허크, 네가 존경할 만한 사람이 되지 못하면 우리 일단에 들어올 수 없어. 강도는 해적보다 더 상류 계급이거든."

허크는 잠시 생각해 보았다.

허크가 말했다. "좋아. 그럼 더글라스 부인한테 돌아가서 한 달만 있을게."

"오늘 밤에 첫 번째 모임을 갖자. 우리 일단에 충성하고 비밀을 발설하지 말 것을 피로 맹세하는 거야." 톰이 말했다.

허크가 말했다. "그건 해적이 되는 것보다 백만 배는 더 좋을 것 같다! 더글라스 부인이랑 영원히 살아야겠다. 나 위대한 강도가 될래!"